Wer macht was im Gottesdienst?

Liborius Olaf Lumma

Wer macht was im Gottesdienst?

Die handelnden Personen
und ihre Aufgaben

Theologische Erschließung

Praktische Tipps

Verlag Friedrich Pustet
Regensburg

Bibliografische Information der Deutschen Nationalbibliothek
Die Deutsche Nationalbibliothek verzeichnet diese Publikation in der Deutschen Nationalbibliografie; detaillierte bibliografische Daten sind im Internet über http://dnb.dnb.de abrufbar.

Gutenbergstraße 8 | 93051 Regensburg
Tel. 0941/920220 | verlag@pustet.de

ISBN 978-3-7917-3284-8
Umschlaggestaltung: www.martinveicht.de

Satz: Vollnhals Fotosatz, Neustadt a. d. Donau
Druck und Bindung: Friedrich Pustet, Regensburg
Printed in Germany 2021

eISBN 978-3-7917-6211-1 (epub)

Inhalt

Vorwort

Im Katholizismus nimmt wie in den meisten Richtungen des Christentums und anderer Religionen der *Kult* eine zentrale Stellung ein: zeichenhaft aufgeladene Rituale, die individuell oder gemeinschaftlich begangen werden und in denen sich Menschen auf *Transzendentes* beziehen, also auf etwas, das nicht Teil dieser Welt ist und doch in Beziehung zur Welt steht, christlich gesprochen auf Gott.

Nun gibt es grundsätzliche Kritik an solchen Formen religiösen Kultes. In Europa wurde diese Kritik besonders durch die Philosophie und Politik der Aufklärung seit dem späten 18. Jahrhundert beeinflusst. Gebet, Lobpreis, Dank oder Anbetung seien demnach vollkommen sinnlos. Die für solche Handlungen investierten Ressourcen von Zeit, Kunst und Verstand sollten besser der Moral, also der aktiven Mitwirkung an einer besseren Welt zukommen, für die dann allerdings doch wieder Transzendenz in Anspruch genommen wird, und zwar in Form von Werten wie Gerechtigkeit, Freiheit oder Humanität. Auf solche Kritik an religiösen Praktiken einzugehen, ist nicht Thema dieses Buches. In erster Linie ist hier auf Diskussionen in der Religionsphilosophie zu verweisen.

Doch selbst dort, wo Menschen dem religiösen Kult positiv oder zumindest offen gegenüberstehen – etwa weil sie selbst einer Religionsgemeinschaft angehören oder weil sie dem Kult zumindest zugestehen, dass er für den Menschen eine ähnliche Bedeutung haben kann wie Kunst, Musik, Literatur, Liebe, Trauer, Hoffnung und Zweifel –, bleiben die Ausdrucksformen der katholischen Kirche oft fremd.

Für die verschiedenen Formen des katholischen Kultes gibt es keine einheitliche Begrifflichkeit. Ich werde in diesem Buch in erster Linie von *Liturgie* sprechen. Dabei geht es mir immer um jene Formen, die gemeinschaftlich und öffentlich geschehen, und hierbei wiederum um die drei wichtigsten Rituale für die katholische Praxis in unseren Breiten: die Eucharistiefeier (Messe), die Tagzeitenliturgie (Stundengebet) und die Wort-Gottes-Feier.

Das Anliegen dieses Buches

Ich möchte versuchen, einen Schlüssel zum Verständnis dessen anzubieten, was Menschen in der katholischen Liturgie tun, zu der sie sich gemeinschaftlich versammeln und in der sie unterschiedliche Rollen ausfüllen.

Das Buch soll auch für jene Menschen informativ sein, die sich der katholischen Liturgie von außen annähern: als interessierte, neugierige oder skeptische Beobachter.

Denjenigen, die als katholische Gemeindemitglieder die Liturgie mittragen – sei es, dass sie öffentlich sichtbar besondere Aufgaben übernehmen, sei es, dass sie einfach aus freier Entscheidung anwesend sind und vielleicht das ein oder andere Lied mitsingen –, soll das Buch eine Hilfestellung sein, um das eigene Tun besser verantworten und sachgerechter gestalten zu können.

Dabei ist vorauszusetzen, dass das *Nachdenken und Reden über Liturgie* niemals die *Liturgie selbst* ersetzen kann, so wie auch Musikwissenschaft nicht das Musizieren oder das Hören von Musik, die Theaterkritik nicht das Schreiben, Spielen oder Ansehen von Theaterstücken und die Politikwissenschaft nicht das Regieren oder das Wählen ersetzen kann. Die wissenschaftliche Beschäftigung kann Missverständnisse aufklären, neue Perspektiven erschließen und Wege eröffnen, auf denen die Liturgie ihr Potenzial und ihre Wirkung sachgerechter entfalten kann. Das Nachdenken über Liturgie kann die Kompetenzen befruchten, die nötig sind, um Liturgie sachgerecht zu gestalten, die als ritualisierte Handlung den ganzen Menschen in seiner leiblich-seelischen Verfasstheit über die Begrenztheit des Messbaren, Berechenbaren und Beherrschbaren hinausweist, ähnlich wie dies Musik, Kunst, Theater und Literatur tun.

Zur Gliederung dieses Buches

Die Buchkapitel 3–14 sind weitgehend nach den handelnden Personen und den von ihnen ausgeübten liturgischen Rollen geordnet. Manche der dabei behandelten Themenfelder betreffen mehrere Personen zugleich: etwa die Handhabung von Büchern oder die Bedeutung der Bibel für die Liturgie. Ich werde solche Themen in einzelnen Kapiteln bündeln und in anderen Kapiteln darauf verweisen.

Am Beginn und am Schluss (Kapitel 1–2 und 15–17) stehen allgemeinere Überlegungen, wichtige Quellentexte und konkrete Ideen zur Liturgiegestaltung.

Priester/Presbyter – Gemeinde/Versammlung – Geschlechtersensible Sprache

Für das Buch musste ich einige Vorentscheidungen treffen, die vielleicht erklärungsbedürftig sind.

Anders als im deutschsprachigen Katholizismus üblich werde ich nicht vom *Priester* sprechen, sondern vom *Presbyter*. Den Begriff *Priester* verwende ich dagegen als *Oberbegriff für Bischöfe und Presbyter.* Das mag irritieren, vielleicht sogar ablenken. Es gibt dafür aber wichtige Gründe, die ich in Kapitel 3 erläutern werde.

Ein zentraler Begriff, dem ich mich in Kapitel 1 und 2 grundlegend annähern werde, ist *Versammlung*. Ich spreche daneben auch von der *Gemeinde*. *Versammlung* soll immer die konkret zur Liturgie zusammentreffende Personengruppe bezeichnen. Den Begriff *Gemeinde* verwende ich hingegen für eine im Prinzip stabile Gruppe: eine soziale oder kirchenrechtliche Gemeinschaft wie etwa eine Pfarrgemeinde (Pfarrei, Pfarre), eine Klostergemeinschaft oder eine Hochschulgemeinde. Man kann also ein einflussreiches Mitglied einer *Gemeinde* sein, ohne an einer konkreten liturgischen *Versammlung* teilzunehmen. Umgekehrt kann man zu einer *Versammlung* gehören, ohne Teil der *Gemeinde* zu sein. Man ist dann mehr oder weniger *Gast* – unabhängig davon, ob man selber katholisch ist oder nicht. Diese Unterscheidung von *Versammlung* und *Gemeinde* hat ihre Grenzen, da man über die katholische Kirche auch noch aus völlig anderen Perspektiven und mit anderen Kategorien sprechen kann. Für mein Buch schien mir diese Begrifflichkeit aber hilfreich.

Eine weitere Vorentscheidung war in Bezug auf *geschlechtersensible Sprache* zu treffen. Das ist gerade in der katholischen Kirche von besonderer Brisanz, da Frauen von bestimmten kirchlichen Aufgaben von vornherein ausgeschlossen, in anderen Aufgaben aber den Männern völlig gleichgestellt sind. Soll, kann oder muss diese Tatsache Konsequenzen für Personenbezeichnungen in deutschsprachigen Texten haben – und wenn ja, welche? Hier werden sprachwissenschaftlich sehr unterschiedliche Ansichten vertreten, noch dazu gibt es in der Entwicklung einer für Geschlechterfragen sensibilisierten Sprache derzeit erhebliche Ungleichzeitigkeiten zwischen Deutschland, Österreich und der Schweiz, zwischen Wissenschaftssprache und Alltagssprache und zwischen unterschiedlichen gesellschaftlichen und politischen Milieus. Ich habe mich für folgende Vorgehensweise entschieden:

Bei der ersten Nennung bzw. am Beginn eines Kapitels werde ich die behandelten kirchlichen Ämter zunächst in der grammatisch weiblichen *und* in der grammatisch männlichen Form ausweisen, es sei denn, das betreffende Amt ist ausschließlich Männern vorbehalten. Anschließend verwende ich das *generische Maskulinum* und folge damit jenem Befund der historischen Sprachwissenschaft, wonach das *grammatische Geschlecht* vom *biologischen* oder *sozialen Geschlecht* zu unterscheiden ist. Anders gesagt: Nur weil ein Wort grammatisch männlich ist und womöglich auf *-er* endet, impliziert es weder das männliche biologische Geschlecht noch drückt es irgendwelche typisch männlichen Eigenschaften oder Charakterzüge aus (es ist „unmarkiert“). Der Ausdruck *der Lektor* oder *der Kommunionhelfer* hat demnach genauso viel und genauso wenig mit dem Mann-Sein zu tun wie *der Schraubenzieher* oder *der Wäschetrockner*, auch die Pluralformen *Katholiken* oder *Christen* beziehen sich gleichermaßen auf Frauen, Männer und Kinder. Vor allem verwende ich das generische Maskulinum bei Zusammensetzungen wie *Kantorendienst* oder *Lektorengruppe.*

Wenn ich konkrete Beispiele benenne, werde ich mehrheitlich die („markierte“) grammatisch weibliche Form verwenden, zum Beispiel: „Eine Organistin soll ihre Kompetenzen schon bei der langfristigen Vorbereitung von Liturgien einbringen.“ Auf diese Weise nehme ich den Befund der feministischen Sprachwissenschaft ernst, wonach grammatisch männliche Formen – spätestens seit es in der deutschen Sprache üblich wurde, zu jeder männlichen Personenbezeichnung auch eine weibliche Form zu kreieren (in der Regel durch die Anfügung *-in*) – eher Bilder von biologisch männlichen Wesen aufsteigen lässt, was dazu führen kann, dass Frauen als begründungspflichtiger Ausnahmefall erscheinen.

Diese Vorgehensweise habe ich eng angelehnt an die Vorschläge von Dr. Anette Nagel, die sie auf ihrer gemeinsam mit Petra Oerke betriebenen Website www.contexta.de veröffentlicht und begründet hat.

Mir war wichtig, ständige Doppelnennungen zu vermeiden, die vor allem bei längeren Auflistungen die Lesbarkeit dieses Buches erheblich erschwert hätten. Außerdem wollte ich auf neue Formen des gegenderten Schreibens wie *LektorInnen*, *Lektor*innen* oder *Lektor:innen* verzichten, weil diese den derzeitigen deutschen Rechtschreibregeln nicht entsprechen, Menschen anderer Muttersprache das Erlernen und Schreiben des Deutschen erschweren und weil (noch) keine Konvention existiert, wie man diese Formen aussprechen soll, spätestens wenn man zu der Form *jedeR* oder *der:m* und den Herausforderungen kommt, die solche Schreibweisen für Vorleseprogramme für Blinde mit sich bringen. Mein Buch sollte aber gut und zweifelsfrei vorlesbar sein.

Mein Dank gilt dem Verlag Friedrich Pustet, besonders dem Lektor Dr. Rudolf Zwank, der diesem Buchprojekt von Beginn an positiv gegenüberstand und durch seine gewohnt detailgenaue Arbeit die Publikation unterstützt hat.

1 Rollenspiele, Macht und Drehbücher – eine Annäherung an den katholischen Gottesdienst

Gottesdienst als Rollenspiel

Katholische Liturgien sind eine höchst rätselhafte Angelegenheit.

Führende Amtsträger der katholischen Kirche werden nicht müde zu betonen, dass die Liturgie das Zentrum des Katholizismus bildet. Andererseits ist offenkundig (und niemand leugnet es), dass nur eine Minderheit der Katholiken regelmäßig an kirchlichen Ritualen teilnimmt. Regionen mit einer sonntäglichen Gottesdienstbeteiligung im niedrigen einstelligen Prozentbereich sind nicht selten. An Werktagen verlieren sich ohnehin nur ganz wenige Menschen in die Kirchen.

Außenstehende erleben katholischen Gottesdienst als eine Ansammlung von Verhaltensmustern, von denen nur wenige selbsterklärend sind: Gesten mit Armen, Händen und Fingern; unterschiedliche Körperhaltungen; gesprochene Worte, viele Halbsätze und einige längere Texte, die von den „Eingeweihten" auswendig beherrscht werden; gemeinsam gesungene Lieder; manchmal auch von einer Einzelperson in einer Art Singsang vorgetragene Texte; spezielle Kleidungsstücke, die aber nur von einigen wenigen getragen werden.

Das alles geschieht in einem eigens für den Kult hergerichteten Raum, der in aller Regel eine sofort erkennbare Gliederung in verschiedene Bereiche aufweist und an das Gegenüber von Theaterbühne und Zuschauerraum erinnert. Dieser Raum hat unsichtbare Schwellen, die die Eingeweihten nicht oder nur zögernd und dann mit besonderer Energie oder mit theatralischer Gestik überschreiten.

Ernsthaftigkeit, Authentizität und Geschlechter

Beobachtet man die Eingeweihten dabei, wie sie ein solches Zeremoniell vorbereiten oder wie sich nach dessen Abschluss lautstark darüber unterhalten, stellt man fest, dass es sich bei diesem merkwürdigen Spiel offenbar um eine todernste Sache handelt, an der sich Richtungsstreitigkeiten in der katholischen Kirche ebenso festmachen lassen wie die moralische Zuverlässigkeit der handelnden Personen.

Dieses Buch will versuchen, in einen zentralen Aspekt der katholischen Liturgie einzuführen, nämlich in die handelnden Personen und die Rollen, die sie im Zeremoniell einnehmen. Unterschiedliche Personen haben im Ritual unterschiedliche Aufgaben. Einige dieser Aufgaben scheinen dabei nahezu beliebig und spontan einzelnen Frauen, Männern, Kindern, sogar nichtkatholischen Gästen zugewiesen werden zu können, andere aber gehören exklusiv bestimmten Personen ein Leben lang, und diese letzteren sind offenkundig ausschließlich Männer.

Manche scheuen im Zusammenhang der Liturgie den Begriff *Rollen*, weil er ihnen zu sehr danach klingt, dass man hier nur etwas „spielt". Im Theater kann ich einen Richter, einen Gärtner oder einen Mörder darstellen, ohne selber einer zu sein, aber geht es im Christentum nicht vielmehr darum, authentisch zu sein, kein „falsches Spiel zu spielen" und niemandem etwas vorzumachen?

Rollen im menschlichen Leben

Entgegen diesem Eindruck möchte ich am Begriff der *Rolle* festhalten. Menschliches Leben ist gar nicht anders vorstellbar als durch das Einnehmen verschiedener Rollen. Eine Rolle ist nichts Falsches oder Schlechtes. Der Begriff bringt zum Ausdruck, dass sich Menschen je nach Situation unterschiedlich verhalten, insbesondere in Beziehung zu anderen Menschen. Wir sind soziale Wesen, interagieren mit anderen Menschen und je nach Situation sind von uns unterschiedliche Verhaltensweisen verlangt. Eltern verhalten sich gegenüber ihren eigenen Kindern anders als gegenüber fremden Kindern. Für ihre eigenen Kinder sind sie in der Rolle der Eltern, für andere Kinder aber in der Rolle von Nachbarn, Verwandten, Erziehern oder einfach nur von zufälligen Fremden auf der Straße. Im komplexen Gefüge einer Gesellschaft mit ihren ausgesprochenen und unausgesprochenen Regeln verlangt jede Rolle andere Verhaltensweisen: Was für Eltern moralische und gesetzliche Pflicht ist, kann für Fremde verwerflich und strafbar sein.

Macht der Vereinsvorsitzenden – Macht der Mitglieder

Nehmen wir das Beispiel der Jahreshauptversammlung eines Vereins. Die Vereinsvorsitzende nimmt einen besonderen Platz ein, zum Beispiel am Kopf eines Tisches, oder vielleicht auch zentral auf einer Bühne in einem großen Saal. Sie muss bestimmte Tagesordnungspunkte abwickeln, zum Beispiel die Moderation der Sitzung, die Vorstellung des Rechenschaftsberichts des Vorstands oder die Ehrung verdienter Mitglieder.

Eines Tages gibt die Vorsitzende ihr Amt ab. Ab diesem Moment nimmt sie einen Platz mitten unter den anderen Mitgliedern ein. Würde sie bei der nächsten Jahreshauptversammlung beginnen, die Sitzung zu moderieren, wäre das eine erhebliche Störung. Womöglich würde die Sitzung in Chaos ausbrechen und in der Folge die Gerichte beschäftigen. Anstatt den Rechenschaftsbericht vorzutragen, hat die Ex-Vorsitzende nun eine völlig andere Aufgabe: Sie gibt ihre Stimme ab, um den neuen Vorstand rechtsgültig zu entlasten oder ihm die Entlastung zu verweigern. Diese Zuständigkeit hatte sie nicht, als sie noch selbst Vorsitzende war. Mehr noch: Sie *durfte* gar nicht über die Entlastung des Vorstands abstimmen.

Je nach Kontext handeln Menschen also in unterschiedlichen Rollen. Die Beispiele der Eltern und der Vereinsvorsitzenden zeigen, dass solche Rollen durch besondere Aufgaben oder Zuständigkeiten gekennzeichnet sind. Damit sind Pflichten und Rechte verbunden, anders gesagt: Verantwortung und Macht. Damit gehen aber auch andere Optionen verloren: Eltern dürfen ihre Kinder nicht einfach unbeaufsichtigt oder unversorgt lassen, um stattdessen die Freiheit der eigenen Lebensgestaltung zu genießen, sie dürfen ihre eigenen Kinder nicht vernachlässigen, sie dürfen sie auch nicht heiraten. Die Vereinsvorsitzende muss für das Vereinsgebaren rechtlich geradestehen, sie muss fast jederzeit erreichbar sein und notwendige Unterschriften fristgemäß leisten. Verantwortung und Macht bedeuten also immer auch den Verlust von Freiheiten. In dem Moment, in dem auf der Jahreshauptversammlung die Entlastung des Vorstands ansteht, geht die Macht und die Verantwortung schlagartig auf die anderen Vereinsmitglieder über. Die Vorsitzende ist jetzt machtlos, sie hat kein Stimmrecht und ist dem Urteil der versammelten Mitglieder unterworfen.

Aufeinander bezogene liturgische Rollen

Ich möchte die Rollen in der katholischen Liturgie so erschließen, dass deutlich wird, wie diese Rollen aufeinander und auf das Ritual insgesamt bezogen sind. Jede Rolle erhält ihre Bedeutung erst in Beziehung zu anderen Rollen. In Bezug auf seine Kinder ist Herr Schmidt Vater, in Bezug auf seine Eltern ist er Sohn, in Bezug auf seine Hausärztin ist er Patient, in Bezug auf seinen Tennisklub ist er vielleicht Geschäftsführer, in Bezug auf seine Firma ist er Buchhalter, Arbeitskollege, Vorgesetzter, Empfänger von Dienstanweisungen und vieles mehr.

In der katholischen Liturgie lassen sich Konstellationen finden, die der Entlastung des Vereinsvorstands nicht unähnlich sind: Wer auf den ersten Blick viel Macht hat, ist auf den zweiten Blick plötzlich machtlos. Wer auf den ersten Blick nur Mitläufer ist, trägt auf den zweiten Blick hohe Verantwortung. Verantwortung und Macht sind in der katholischen Liturgie jedenfalls keine Einbahnstraße, auch wenn das zugegebenermaßen nicht immer auf den ersten Blick zu erkennen ist.

Liturgische Rolle und kirchliche Macht

Eine Umfrage würde vermutlich Folgendes zutage fördern: Die meisten Katholiken (und erst recht die „nichteingeweihten" Gäste einer katholischen Liturgie) erfahren sich im liturgischen Ritual als *Zuschauer*, so als gäbe es einen Gegensatz zwischen *Schauspielern* und *Publikum*. Gelegentlich wird das Publikum zwar aktiv einbezogen (durch Gesang und aufgesagte Texte), aber letztlich stehen das Ritual und die handelnden Personen wie ein fertiges Konzertprogramm bereit, ohne dass das Publikum darauf Einfluss hätte. Auch die Körperhaltung begünstigt diese Wahrnehmung: Während die handelnden Personen auf der *Bühne* sich hin und herbewegen und für verschiedene Handlungen ihre Plätze wechseln, sind die *Zuschauer* an feste Steh-, Sitz- und Knieplätze gebunden.

So verstärkt sich der Eindruck, dass es im katholischen Gottesdienst um ein Aufeinandertreffen von *Mächtigen* und *Machtlosen* geht. Die Machtlosen haben nur zwei Optionen: entweder hingehen und das Ritual über sich ergehen lassen oder gar nicht erst hingehen. Für das Programm sind ausschließlich die Mächtigen zuständig.

Nun ist Macht für die katholische Kirche ein Thema von höchster Relevanz. Unkontrollierte Macht sowie Missbrauch von Macht – moralische Macht, spirituelle Macht, körperliche Macht, sexuelle Macht – haben Menschen irreparabel an Leib und Seele geschädigt. Die katholische Kirche hat sich vor allem ab dem 19. Jahrhundert zu einer Meisterin darin entwickelt, Macht in den Händen einiger weniger Menschen zu bündeln. Ihre gesamte rechtliche Struktur ist auf Einzelpersonen mit hoher Autorität zugeschnitten. Auch in der aktuellen Liturgiewissenschaft stellt sich die Frage, inwieweit die Ausdrucksformen der Liturgie Machtstrukturen legitimieren und verfestigen. Aus dieser Perspektive ist es umso auffälliger, dass die katholische Kirche bestimmte Rollen – und zwar gerade die machtvollen – ausschließlich Männern zuweist, und umso größer ist der Reformdruck, der auf die Liturgie ausgeübt wird, sobald in ihr Strukturen von Macht identifiziert werden.

Ich möchte in diesem Buch zeigen, dass liturgische Rollen, wenn man sie richtig versteht und sachgerecht ausfüllt, eigentlich viel weniger mit Macht zu tun haben als es auf den ersten Blick scheint. Einen ersten, und zwar ökumenischen Aspekt gebe ich an dieser Stelle bereits zu bedenken: Es gibt christliche Kirchen – etwa die anglikanische und die altkatholische –, die in ihrer rechtlichen Struktur anders verfasst sind als die katholische Kirche. Sie lassen Frauen zu allen kirchlichen Ämtern zu, ihre Amtsträger dürfen weitreichende Entscheidungen nur im Zusammenspiel mit synodalen (also „parlamentarischen") Gremien treffen und einiges mehr. Dennoch kennen diese Kirchen dieselben liturgischen Rollen wie die katholische Kirche. Nimmt eine Katholikin an einem anglikanischen oder altkatholischen Gottesdienst teil, wird sie sich problemlos zurechtfinden. Die Kirchenbauten folgen denselben Grundmustern, die Handlungen in der Liturgie sind nach demselben Schema auf verschiedene Personen aufgeteilt, die Strukturelemente des Rituals stimmen weitgehend überein, sogar die vorgetragenen Bibeltexte sind an vielen Tagen miteinander identisch.

Würde die katholische Kirche kurz nach Erscheinen dieses Buches Frauen zu allen Ämtern zulassen, würde sie auf allen Ebenen entscheidungsberechtigte Synoden einführen, würde sie kirchliche Gerichte installieren, die von Papst und Bischöfen unabhängig urteilen, so könnte dieses Buch doch bleiben, wie es ist. Dieses Buch muss erst dann aktualisiert werden, wenn sich die Liturgie der Kirche selbst ändert. Ob solche Änderungen vom Papst als mächtigster Einzelperson oder in Zukunft vielleicht von regionalen Kirchensynoden ausgehen, ist dafür unerheblich. Für die liturgische Rolle des Bischofs, des Presbyters und des Diakons ist es unerheblich, ob Bischöfe, Presbyter und Diakone männlich oder weiblich sind.

Würden also kurz nach Erscheinen dieses Buches katholische Bischöfinnen, Presbyterinnen und Diakoninnen ihr Amt antreten, so hätten sie in der Liturgie dieselben Rollen wahrzunehmen wie ihre männlichen Pendants. Auch die für dieses Buch grundlegenden Aussagen des Zweiten Vatikanischen Konzils (1962–65) zur Theologie der Liturgie werden ihre Gültigkeit und Verbindlichkeit behalten. In diesem Punkt darf ich mit meinem Buchmanuskript also recht entspannt in die Zukunft blicken und davon ausgehen, dass es noch für längere Zeit auf die katholische Liturgie anwendbar bleibt, selbst wenn sich in der rechtlichen Struktur der katholischen Kirche kurzfristig etwas ändern sollte.

Liturgie und Drehbuch

Damit ist schon ein anderes wichtiges Thema berührt: Liturgie ist *geordnet*. Sie folgt einem *Drehbuch*, das zwar nicht alle, aber doch sehr viele Einzelheiten festlegt, zum Beispiel die Abfolge der einzelnen Elemente der Eucharistiefeier, die Farben der zu tragenden Gewänder, die Texte der vorzutragenden Gebete und Bibellesungen, welche Teile des Rituals der Diakon durchführt, wie man vorgehen soll, wenn kein Diakon zur Verfügung steht, wer wann die Arme ausbreitet und Ähnliches.

Ein solches Drehbuch heißt in der kirchlichen Sprache *liturgisches Buch*, wobei es liturgische Bücher mittlerweile natürlich schon längst auch in digitaler Form gibt, ganz ohne Papier und ohne Umblättern. Für die Herausgabe liturgischer Bücher ist in der katholischen Kirche in der Regel der Papst verantwortlich; so hat es das Zweite Vatikanische Konzil bestätigt. Liturgische Bücher der katholischen Kirche sind in lateinischer Sprache verfasst, z. B. das *Missale Romanum* für die Eucharistiefeier (Messe) oder die *Liturgia Horarum* für die Tagzeitenliturgie (Stundengebet). Für die Übersetzungen in unterschiedliche Volkssprachen – im Deutschen handelt es sich um das *Messbuch* und das *Stundenbuch* – und für inhaltliche Anpassungen nach dem Bedarf einzelner Länder sind die Bischöfe des jeweiligen Sprachgebietes verantwortlich, aber auch dies nur mit Zustimmung des Papstes. Die Wort-Gottes-Feier, um die es in diesem Buch ebenfalls gehen wird, ist hingegen keine vom Papst geordnete Liturgie, sie fällt von vornherein in die Zuständigkeit der Bischöfe: Auch diese Variante ist vom Konzil vorgesehen worden.

Während die liturgischen Bücher vor dem Konzil so viele Details festlegten, dass es für die Versammelten fast gar keinen Gestaltungsspielraum mehr gab, sind die Bücher, die nach dem Konzil erschienen sind, mit einer Fülle von Auswahl- und Variationsmöglichkeiten versehen. Davon wird in diesem Buch immer wieder die Rede sein, besonders in Kapitel 15.

Was die Detailliertheit ihrer liturgischen Ordnung angeht, nimmt die katholische Liturgie heute eine Mittelstellung unter den christlichen Liturgien ein:

Liturgien der Ostkirchen sind ausgesprochen kleinschrittig festgelegt. Gerade ihre Einheitlichkeit und Wiedererkennbarkeit sind ein besonderes Merkmal ostkirchlicher Identität, Theologie und Spiritualität. Variationen bestehen vor allem darin, dass in kleineren Gemeinden, in räumlichen Provisorien oder unter anderen besonderen Umständen manche liturgischen Elemente entfallen können, die in Klöstern oder großen Kathedralen nie fehlen. (An dieser Stelle bringe ich kurz den Hinweis unter, dass auch in der katholischen Kirche ostkirchliche Liturgien beheimatet sind, nämlich in Form der *katholischen Ostkirchen*. Für dieses Buch spielen sie keine Rolle, hier geht es nur um jene Variante des Katholizismus, die wir *römisch-katholisch* nennen und die die bei Weitem häufigste ist.)

Kirchen der Reformation können durchaus detailliert ausgearbeitete liturgische Bücher haben, diese werden aber heutzutage eher als Vorschläge und Gestaltungshilfen verstanden, ohne den Anspruch, dass man sich exakt an sie halten müsse.

Drehbuch, Gestaltungsfreiheit – und wieder Macht

Nun gibt es in der katholischen Kirche sehr unterschiedliche Zugänge zu den eigenen liturgischen Büchern. Eine „liberale" Richtung möchte sich nicht auf diese Bücher verpflichten lassen, jedenfalls nicht in jedem Detail. Neue theologische Erkenntnisse sollen demnach auch in der Liturgie zeitnah umgesetzt werden dürfen, selbst wenn das liturgische Buch dafür keinen Raum gibt und mit einer Neuherausgabe des Buches vorerst nicht zu rechnen ist. Dasselbe gilt für die Berücksichtigung tagesaktueller Ereignisse des Weltgeschehens, besonderer emotionaler Situationen der Anwesenden und so weiter. Sprachliche Formulierungen in den liturgischen Büchern, die sich als missverständlich erwiesen haben, solle man austauschen. Überhaupt müsse der sprachliche Stil jeweils an die versammelten Personen angepasst werden. Symbole, die nicht verstanden werden, sollten durch andere ersetzt werden. Einzelne Aufgaben sollen anders auf die Personen aufgeteilt werden. Spontaneität und Individualität sollen insgesamt mehr Raum erhalten.

Dem steht eine „konservative“ Richtung gegenüber, die darauf pocht, dass die Regeln der liturgischen Bücher eingehalten werden sollen. Dieser Richtung geht es nicht um Spontaneität und Emotionalität, sondern um Stabilität und Objektivität. Inhalte, Ausdrucksformen, Symbole, Gesänge der Liturgie entfalten sich demnach umso mehr, je einheitlicher sie täglich, wöchentlich oder jährlich wiederholt werden. Wiederholung und Wiedererkennbarkeit bewirken demnach Vertiefung und Intensivierung. Der besondere Wert der Liturgie liegt gerade darin, dass sie unabhängig von persönlichen Stimmungslagen ist, wie sie ist. Mehr noch: Das Selbstverständnis der Menschen soll durch die Liturgie geprägt werden und nicht umgekehrt.

Die von mir in Anführungszeichen gesetzten Bezeichnungen „liberal“ und „konservativ“ deuten es schon an: Viele empfinden den „liberalen“ Zugang als denjenigen, der dem Drang des Menschen nach Individualität und Freiheit besser entspricht. Formalistische Strenge und rituelle Detailvorschriften wollen nicht recht zum Menschen der Gegenwart, aber auch nicht zum Christentum passen (siehe z. B. Mk 2,23–27).

Das „konservative“ Modell dagegen erweckt den Eindruck, als wolle es nur um des Gehorsams willen an etwas festhalten, das längst überholt ist („Vorschrift ist Vorschrift“). Dieser Zugang wirkt rückwärtsgewandt und autoritätshörig.

Dabei sollte man allerdings zwei Dinge bedenken: Der Verzicht auf ein für alle verbindliches Drehbuch führt unweigerlich dazu, dass unbemerkt ein neues, sozusagen geheimes Drehbuch entsteht. Während das liturgische Buch öffentlich zugänglich ist und diskutiert werden kann (erst recht in Zeiten von Internet und Datenbanken), bleibt das Drehbuch einer „Liturgie ohne Drehbuch“ verborgen und unausgesprochen. Ein solches „drehbuchloses Drehbuch“ entsteht durch eine Führungspersönlichkeit, die über die Ordnung der Liturgie bestimmt, oder durch eine Gruppe, die ihren eigenen Stil und ihre eigenen Gewohnheiten gemeinsam entwickelt. Dazu gehören unausgesprochene – vielleicht sogar unbewusste – Regeln, Erwartungen und Tabus, die von „Nichteingeweihten" genau wie ein echtes liturgisches Buch gelernt und übernommen werden müssen. Diese Regeln sind aber im Unterschied zum liturgischen Buch nicht öffentlich dokumentiert, sie bilden eine Art Geheimwissen. Es geht also gerade beim „liberalen" Zugang zur liturgischen Ordnung in hohem Maß um Macht: Macht derer, die bei der Liturgiegestaltung Einfluss haben, über jene, die keinen Einfluss haben und die nicht einmal mehr anhand eines liturgischen Buches die Art und Weise der Amtsausübung kritisch begleiten können.

Wenn man hingegen das liturgische Buch als verbindlich ansieht, dann gibt es den Feiernden ihre Rollen, Texte und Symbole recht eindeutig vor. Das wird nicht allen persönlich gefallen, aber alle sind in derselben Weise gebunden. Da alle von vornherein wissen, worauf sie sich einlassen, wird Macht auf ein Minimum reduziert. Genau genommen tritt die *Rolle* an die Stelle der *Macht*. Nur ein einziges Mal wird noch wirklich Macht ausgeübt, nämlich bei der Erstellung des liturgischen Buchs. Man kann durchaus fragen, ob es sinnvoll ist, dass diese Macht in der katholischen Kirche ganz allein beim Papst und in bestimmten Grenzen bei den Bischöfen liegt – ich selber sehe das durchaus kritisch –, aber: Sobald das liturgische Buch erstellt ist, bindet es alle in derselben Weise, auch den Papst und die Bischöfe. Das liturgische Buch ermöglicht, rituelle Erfahrungen durch Wiederholung zu vertiefen. Und alle, die das liturgische Buch verwenden, sind schon allein dadurch, dass sie das Buch nicht selber hervorgebracht haben, auf etwas Umfassenderes verwiesen: eine kirchliche Gemeinschaft, die verschiedene Orte und Zeiten umfasst.

Das „Drehbuch-Prinzip" ist also auf den ersten Blick durchaus konservativ, aber auf der anderen Seite bändigt es Macht und Übergriffigkeit. Das Drehbuch-Prinzip kann sich übrigens auch auf das Zweite Vatikanische Konzil berufen. Das Konzil ist zwar der liberalen Richtung entgegengekommen, indem es liturgische Anpassungs- und Variationsmöglichkeiten vorgesehen hat, die unterschiedlichen gesellschaftlichen, sprachlichen, kulturellen und intellektuellen Zugängen durch unterschiedliche Menschen entsprechen sollen, aber diese Variationsmöglichkeiten sollten ihrerseits in den liturgischen Büchern genau festgeschrieben werden. Alles, was darüber hinaus geht, ist unzulässig (vgl. Sacrosanctum Concilium 22).

Eucharistiefeier, Wort-Gottes-Feier, Tagzeitenliturgie

Wenn ich in diesem Buch die verschiedenen liturgischen Rollen zu erschließen versuche, werde ich auch auf Fragestellungen eingehen, die in der aktuellen Fachdiskussion behandelt werden, ich werde verschiedene Optionen für die Weiterentwicklung aufzeigen und gelegentlich meine eigene Meinung offenlegen.

Meistens werde ich konkret die Eucharistiefeier thematisieren. Vieles davon lässt sich leicht auf die Tagzeitenliturgie und die Wort-Gottes-Feier übertragen. Wer darüber hinaus mit der Gestaltung anderer katholischer Gottesdienstformen, etwa Trauungen oder Begräbnissen zu tun hat, wird – so hoffe ich – die Brücken von den hier angebotenen Überlegungen zur eigenen Praxis selbstständig schlagen können.

2 Vereinssitzung, Theaterstück oder offener Himmel –
wenn Christen sich versammeln

Katholischer Gottesdienst: Bühne und Publikum

Über viele Jahrhunderte wurde das Lebensgefühl Liturgie feiernder Katholiken wie folgt geprägt: Man geht in die Kirche, wo eine Gruppe von Menschen etwas vorführt: Gesten, Texte, Musik. Davon profitiert man: Man kommt zur Ruhe, entflieht dem Alltag, denkt über den Sinn des Lebens nach, betet zu Gott, gibt dem Leben eine Zielrichtung. Wenn man möchte, kann man an dem Geschehen aktiv mitwirken: Man beteiligt sich am gemeinsamen Liedersingen, man antwortet auf vorgesprochene oder vorgesungene Formeln in einer vertrauten Weise, man nimmt vorgesehene Körperhaltungen ein und so weiter.

Liturgie war ein Bühnenstück mit gewissen Mitmach-Elementen, aus dem man persönlichen Gewinn zog oder jedenfalls ziehen sollte. Der Raum, in dem das alles stattfand, war aufgeteilt in eine Art Bühne und einen Zuschauerraum. Zwischen beiden Bereichen bestand eine architektonische Grenze: mehrere Stufen, eine kleine Trennmauer oder Ähnliches. Wer sich auskannte, wusste, dass diese Grenze während des Rituals und sogar außerhalb des Rituals nur nach genauen Regeln und nur von bestimmten Personen überschritten werden durfte. Alles andere war ein Störfaktor, wenn nicht ein Skandal.

Die alles entscheidende Rolle in diesem Geschehen spielte eine einzige Person, die das Zeremoniell leitete. Sie musste männlich sein, die katholische Priesterweihe empfangen haben, nahm auch im Alltagsleben der Gemeinde eine besondere Stellung ein, war in der Kirche und außerhalb der Kirche schon durch die Kleidung erkennbar und genoss besonderes gesellschaftliches Ansehen. Dieser Priester wurde im Ritual von einigen assistierenden Personen ergänzt, manchmal handelte es sich auch bei ihnen um Priester, jedenfalls waren alle männlich. In bestimmten Rollen agierten bevorzugt Kinder.

Im 20. Jahrhundert hat sich vieles davon geändert. Diese Änderungen geschahen Schritt für Schritt, und sie geschehen auch heute noch. Innerhalb dieser langfristigen Entwicklung gab es einen besonders großen einzelnen Schritt: die Neuherausgabe des Messbuchs 1969 zuerst in lateinischer Sprache, anschließend in den verschiedenen Landessprachen. Dies geschah auf Grundlage der durch das Konzil begründeten und inhaltlich skizzierten Liturgiereform. Die Zulassung der Landessprachen darf zweifellos als einer der bahnbrechendsten Konzilsbeschlüsse gelten.

Viele katholische Gemeinden pflegen aber auch heute noch die Mentalität eines Publikums, das den Spezialisten – zum Teil hauptamtliche Mitarbeiter der Kirche, zum Teil Ehrenamtliche – beim Ritual „zuschaut“ und die einzelnen Mitmach-Elemente mit mehr oder weniger aktiver Beteiligung über sich ergehen lässt.

Diese Einstellung wird allerdings der Liturgie nicht gerecht. Grundmodell der Liturgie ist nicht das Gegenüber von Bühne und Zuschauerraum, sondern die *Versammlung der Kirche*, oder besser: die *Versammlung als Kirche*, oder noch besser: die *Kirche als Versammlung*.

Dabei handelt es sich nun nicht etwa um eine neumodische Idee des 20. Jahrhunderts, sondern um etwas, das sich in der frühen Selbstfindung des Christentums genauso festmachen lässt wie in den liturgischen Büchern, und zwar durchaus auch den liturgischen Büchern vor dem Konzil. Das Konzil wollte Liturgie nicht neu definieren, sondern die Bedeutung der Liturgie, die im Prinzip für alle Zeiten gilt und gegolten hat, die aber nicht allen Beteiligten im Bewusstsein war, deutlich herausstellen und daraus Konsequenzen für die Praxis ziehen, konkret für die Neuherausgabe liturgischer Bücher.

Zu den wichtigsten Aufträgen Jesu gehörte es, Menschen zu *(ver-) sammeln* (Lk 11,23; Joh 11,52 – an beiden Stellen steht im Neuen Testament dasselbe griechische Wort, das auch den jüdischen Versammlungsraum *Synagoge* bezeichnet). Paulus spricht von der *Versammlung der Gemeinde* (was auch mit *Versammlung als Kirche* übersetzt werden kann, siehe 1 Kor 11,18 und 14,23). Das *Versammeltsein* und dabei *Einssein* der Kirche ist eine Vorausschau auf eine vereinte Menschheit, die von Frieden erfüllt ist und in der der Tod keine Macht mehr hat (Joh 17). Diese endgültige Einheit und dieser endgültige Friede sind kein Menschenwerk, sondern können nur von Gott kommen. Insofern bleibt die Kirche als Versammlung derer, die zu Jesus Christus gehören und mit ihm und unter seiner Führung eins sind, immer vorläufig und unerfüllt.

Die Versammlung der Kirche weist in doppelter Weise über sich selbst hinaus. Sie verweist zurück in eine Vorzeit, in der ihr Ursprung liegt: Ohne Jesus – und Jesus wiederum eingebettet in die Geschichte Israels – und die Geschichte der ersten Christengenerationen würde es die heutige Versammlung der Kirche gar nicht geben. Außerdem verweist die Versammlung auf die Zukunft, denn die Einheit der Menschheit in Frieden, die sich in der Kirche anfanghaft ausdrücken soll, ist hier und jetzt und aus menschlicher Kraft gar nicht in ganzer Fülle möglich. Ihre Erfüllung kann es nur in der Zukunft geben, und sie wird kein Menschenwerk sein, sondern ein Geschenk.

Liturgische Versammlung und himmlisches Jerusalem

Wenn sich die Kirche als Versammlung bildet, dann folgt sie dem Auftrag, den sie von Jesus erhalten hat, und sie beruft sich auf seine Zusage (Mt 18,20). Damit steht die Versammlung zugleich als Repräsentantin der gesamten Menschheit vor Gott. Denn Christsein bedeutet, Hoffnung auf Leben und Frieden *für alle* zu haben, auch jene, die nichts von Gott wissen oder nichts von ihm wissen wollen (Joh 17,18).

Die Versammlung der Kirche ist somit zugleich eine visionäre Vorausschau. Sie bringt hier und jetzt zum Ausdruck, was es hier und jetzt noch nicht gibt, nämlich Einheit und Frieden. Die Versammlung macht ihre eigene Hoffnung hier und jetzt erfahrbar, obwohl die Erfüllung dieser Hoffnung noch aussteht.

Aus diesem Grund muss sich die Versammlung der Kirche symbolischer Ausdrucksweisen bedienen. Denn nur im symbolischen Handeln kann Unsichtbares sichtbar und erfahrbar gemacht werden, wie etwa Einheit aller in Frieden, ohne Grenzen von Raum und Zeit oder von Schuld und Tod.

Das Konzil schreibt: „In der irdischen Liturgie nehmen wir vorauskostend an jener himmlischen Liturgie teil, die in der heiligen Stadt Jerusalem, zu der wir als Pilger streben, gefeiert wird“ (SC 8). Jerusalem ist schon im Alten Testament Ausdruck für die gemeinsame Heimat aller

Menschen (Ps 95) und wird im Neuen Testament in einer symbolisch aufgeladenen Erzählung zum Bild der Zukunftshoffnung (Offb 21–22,5). Kein Zufall also, wenn manche christlichen Kirchengebäude als *himmlisches Jerusalem* künstlerisch ausgestaltet sind.

Liturgie ist *Manifestation der Kirche* (SC 41) in ihrer Ausrichtung auf das Vergangene – ihren geschichtlichen Ursprung – und das Zukünftige – ihr Ziel in der Erfüllung aller menschlichen Hoffnung.

Ekklesia als Versammlung

Das griechische Wort, das sich im frühen Christentum zur Selbstbeschreibung ausbildete, war *ekklesia*, meist als *Kirche*, manchmal als *Gemeinde* oder *Versammlung* übersetzt. Der Wortherkunft nach bedeutet *ekklesia* so etwas wie „die Herausgerufenen". Dieser Begriff stammt nicht aus der antiken Religionssprache, sondern aus dem Feld der Politik. Er bezeichnete beispielsweise eine städtische Bürgerversammlung. Auch für die wichtigsten Ämter der christlichen Gemeinden wurden Begriffe übernommen, die weniger in die antiken Religionen als mehr in das private Vereinswesen gehörten, wobei zugegebenermaßen die Grenzen fließender waren als in der uns heute vertrauten Trennung von Staat und Religion. Das Wort *episkopos* (Bischof, Kapitel 8), wörtlich *Aufseher*, bezeichnete Leitungsämter unterschiedlicher Art wie etwa den Stifter oder Finanzier eines Vereins. *Presbyter* (Kapitel 8) waren Mitglieder kollektiver Leitungsorgane von Gemeinschaften, die man vielleicht als Ältestenrat, Vorstand oder Senat in unsere Welt übertragen könnte. Ein *diakonos* (Diakon, Kapitel 10) übernahm Hilfsdienste unterschiedlicher Art, etwa in der Organisation von Versammlungen. Heute würde dem vielleicht eine Mischung aus Sekretär, Pförtner, Eventmanager und Kellner entsprechen.

Das Christentum wollte sich vermutlich durch solche Ämterbezeichnungen von anderen Religionen abgrenzen und den Gemeinschaftscharakter der Kirche herausstellen: Christen sind die, die sich *zu einer ekklesia versammeln*. Die wichtigste dieser Versammlungen ist die Eucharistiefeier, in manchen alten christlichen Sprachen wurde das Wort *Versammlung* dann auch zum Namen der Eucharistiefeier.

Liturgische Rollen im Verhältnis zur Versammlung

Wenn dieses Buch einzelne liturgische Rollen näher erschließen und Kriterien für die sachgerechte Ausübung entwickeln soll, dann steht folgende Leitfrage im Hintergrund: In welchem Verhältnis steht die einzelne Rolle zur Versammlung der Kirche? Jede Rolle ist *Dienst an der Versammlung*, damit die Versammlung sich als das erfährt, was sie sein soll. Eine christliche Gemeinde versammelt sich nicht *wegen* ihres Bischofs (Kapitel 8) oder *wegen* der Leiterin der Wort-Gottes-Feier (Kapitel 9), sondern umgekehrt: Bischof und Wort-Gottes-Feier-Leiterin üben ihre liturgische Rolle *wegen der Versammlung der Kirche* und *für die Versammlung der Kirche* aus. Liturgische Rollen sind niemals Selbstzweck.

Liturgische Rollen sind auch keine privilegierte Beziehung zu Gott oder zu Jesus Christus. In Bezug auf Gott und auf Christus sind alle Angehörigen der Kirche gleich. Wo es Unterschiede in der öffentlich ausgeübten Rolle gibt, ergeben sie sich aus ihrem Bezug zur Versammlung.

Man könnte es auch so sagen: Aus einer Versammlung, in der alle gleich sind – nämlich von Gott in die Kirche berufen –, treten einzelne Personen heraus, um dann *für die Versammlung* zu handeln, und zwar im Doppelsinn des *für*: einerseits *im Dienst* der Versammlung, andererseits *stellvertretend* für die Versammlung, je nachdem, um welche Handlung es sich im Einzelnen handelt (wie im Folgenden noch zu sehen sein wird).

Trotz der großen Bemühungen durch das Konzil ist dieses Liturgie- und Rollenverständnis noch immer nicht bei allen Beteiligten angekommen: von den Hauptamtlichen bis zu denen, die nur gelegentlich zur Versammlung dazustoßen.

Architektonische Rahmenbedingungen

Einen großen Beitrag zu diesem Defizit leistet die Architektur, die über viele Jahrhunderte ein anderes Verständnis der Versammlung in Szene setzte, nämlich das schon beschriebene Gegenüber von *liturgisch Handelnden* und *fromm Anwesenden*, oder anders gesagt: Bühne und Zuschauerraum. Alte Kirchenräume verdienen es, mit ihrer Geschichte, ihrem kunsthistorischen Wert, der Augen- und Linienführung im Raum usw. ernst genommen zu werden. Sie sind aber oft ungeeignet, um *Versammlung* erleben und erfahren zu können.

Es wurde und wird seit einigen Jahrzehnten viel ausprobiert und wieder verworfen, umgebaut, neugebaut und wieder rückgebaut, so dass ich für dieses Buch nicht von einer typischen Gestaltung eines katholischen Liturgieraums nach dem Konzil ausgehen kann. Bei Kirchenräumen der byzantinischen Tradition – um noch einmal kurz einen Abstecher ins östliche Christentum zu machen – ist das völlig anders. Sie folgen immer derselben Raumaufteilung, ganz gleich ob man in einem winzigen Provisorium oder einer riesigen Kathedrale Liturgie feiert.

Ich werde es daher in diesem Buch immer bei Hinweisen allgemeiner Art belassen müssen. Die Konkretisierung kann nur in jedem Gottesdienstraum einzeln vorgenommen werden. Ich habe aber mittlerweile einen Favoriten unter den Raumkonzepten, nämlich das Modell des *Chorgestühls*, bei dem sich die Versammlung in Gruppen aufteilt, die einander gegenüberstehen und anschauen. Das muss kein starres Gegenüber von zwei Seiten sein, es kann sich auch in Richtung eines Halb- oder Dreiviertelkreises oder -ovals erweitern. Die Erfahrung einer aus konkreten Menschen bestehenden Gemeinschaft ist im Chorgestühl unmittelbar gegeben, wenn man sein Gegenüber ansieht und selber angesehen wird. Sowohl in der Mitte als auch an der Stirnwand des Raumes befinden sich Stellen, die von überall gut zu sehen sind. So kann man sowohl ein symbolisches *Zentrum* erfahren als auch sich gemeinsam symbolisch *nach außen öffnen* – auf das dazu passende lateinische Schlagwort *extra nos* werde ich in Kapitel 3 noch in anderem Zusammenhang eingehen.

Das *Wir* und das *Amen*

Der Versammlungscharakter der Kirche wird in einem sprachlichen Detail deutlich, das von allerhöchster Bedeutung ist. An Gott gerichtete Gebete – in der Eucharistiefeier sind dies das Tagesgebet, das Gabengebet, das Eucharistische Hochgebet und das Schlussgebet – sind in der katholischen Liturgie *immer in der Wir-Form* formuliert, *niemals in der Ich-Form*. Das ist umso bemerkenswerter, als diese Gebete nur von einer einzelnen Person laut hörbar vorgetragen werden, nämlich dem Liturgievorsteher (Kapitel 9).

Warum darf jemand *wir* sagen, obwohl die anderen dabei schweigen?

Die Antwort gehört zum Wichtigsten, das es zu christlicher Liturgie zu sagen gibt. Zunächst einmal ist offensichtlich: *Niemand* darf ohne das Einverständnis der anderen *wir* sagen. Das gilt im Prinzip immer und überall. Wer ohne die Erlaubnis der anderen *wir* sagt, handelt übergriffig und unrechtmäßig. So ist es auch in der Liturgie. Wer sich öffentlich an Gott wendet und *wir* sagt, macht sich davon abhängig, dass die anderen das Gesagte bestätigen, und das können sie natürlich nur im Nachhinein. Man spricht hier von der *Ratifikation* eines Gebetes, etwa so, wie wenn eine Regierung einen Vertrag mit einem anderen Land aushandelt und anschließend vom eigenen Parlament die Ratifikation (Gültigmachung) des Vertrags erbitten muss. Lehnt das Parlament ab, so ist der Vertrag nicht zustande gekommen, auch wenn er noch so feierlich vor Fernsehkameras unterzeichnet worden ist.

Es ist so ähnlich wie bei der Vorsitzenden, die von der Entlastung durch die Vereinsmitglieder abhängig ist (siehe Kapitel 1): Wer ein *Wir-Gebet* vorträgt, drückt gegenüber Gott eine Gemeinschaft aus, in deren Hände er sein Schicksal legt. Die Gemeinschaft muss das *wir* erst noch bestätigen, ansonsten ist es nicht zustande gekommen. Die Ratifikation geschieht in der Liturgie tatsächlich: Die Versammlung sagt *Amen* – das kommt aus dem Hebräischen bzw. Aramäischen, ist in der christlichen Liturgie nie übersetzt worden und bedeutet nichts anderes als *So sei es*, *Jawohl* oder *Zustimmung*.

Zugegeben: Durch seine häufige Verwendung wurde das *Amen* in der christlichen Liturgie erheblich stilisiert. Es wurde zu einer boshaften Redewendung, mit der man ausdrückt, dass man auf Mitsprache verzichtet: „zu allem ja und Amen sagen“. Es wird auch heute kaum jemandem auffallen, wenn jemand in der Liturgie das *Amen* verweigert und stattdessen den Kopf schüttelt oder sich aus der Versammlung schleicht. Das *Amen* hat dasselbe Schicksal erfahren wie die Entlastung des Vorstands in den meisten Jahreshauptversammlungen: Der Bericht des Vorstands wird einfach durchgewunken, die meisten Mitglieder lesen den Bericht überhaupt nicht, interessieren sich nicht für die finanziellen Details (oder verstehen sie gar nicht erst) und wollen eigentlich nur, dass die Sitzung schnell vorbeigeht und das Buffet eröffnet wird. Aber auch dort gilt: Die Vereinsmitglieder tragen trotzdem die Verantwortung für ihre Abstimmung, und das kann erhebliche rechtliche Folgen haben.

Eine christliche Versammlung, die sich über die Bedeutung ihres *Amen* im Klaren ist, hat schon das Allerwichtigste ihrer liturgischen Rolle verstanden: Sie bildet, sie trägt und sie bestätigt das *wir*, das in der Liturgie zu Gott spricht. Im *Amen* zeigt sich die Mitgliedschaft zur Kirche und die Zustimmung zur gemeinsamen Ausrichtung auf Gott. Darin sind alle gleich. In dieser Rolle ist die Versammlung durch nichts und niemanden zu ersetzen, vor allem nicht durch den Vorsteher allein.

Insofern ist es ein sehr sinnvolles Projekt der gegenwärtigen Kirchenmusik, attraktive Melodien für den Ruf *Amen* zu erarbeiten und ihnen zu breiter Bekanntheit zu verhelfen. Mancherorts gelingt das schon ganz gut. So soll die Würde und Bedeutung des *Amen* besser zum Ausdruck gebracht werden als durch das belanglose Gemurmel, das man in katholischen Kirchen meistens hört. Wo ein *Amen* in einer solchen Weise erklingt und von der Versammlung so mitgetragen wird, dass es gar keiner theoretischen Erklärung mehr bedarf, sondern Gemeinschaft stiftet und die ganze Versammlung auf Gott ausrichtet, ist die wichtigste Grundlage für jede Liturgie gegeben, auf der alles andere aufbaut.

Gemeinsam vorgetragene *Wir*-Texte

Nun drängt sich eine Frage auf: Warum werden Wir-Gebete nicht einfach von allen gemeinsam gesprochen? Dann käme das *wir* doch viel besser zum Ausdruck, und nebenbei könnte man sich auch das floskelhafte *Amen* sparen.

(Kleine Anmerkung: Der Fachbegriff für liturgische Wir-Gebete lautet *Oration* oder *Kollektengebet*. Auch das Eucharistische Hochgebet, das größte und wichtigste liturgische Gebet, hat die Wir-Form.)

Die Idee scheint attraktiv, sie ist aber in der Praxis nur sehr schwer umzusetzen. In der katholischen Liturgie wechseln die Wir-Gebete jeden Tag, nur wenige wiederholen sich mehrmals im Jahr. Egal wie gut Sie es üben, egal ob Sie diese Texte sprechen oder singen: Sie werden es nicht schaffen, solche Texte gemeinschaftlich so vorzutragen, dass das irgendjemand akustisch verstehen kann. Alle werden vorrangig damit beschäftigt sein, auf die Atempausen, das Sprechtempo und auf die Aussprache der anderen zu achten. Vom eigentlichen Text lenkt das erheblich ab, aber genau um diesen Text geht es ja: ihm sollen alle zustimmen und dadurch die Kirche bilden.

Gemeinsames Vorlesen bewirkt übrigens auch soziale Ausgrenzung. Wer sich mit den Augen schwertut oder Analphabet ist, wird vor den anderen bloßgestellt, weil er nicht mitsprechen kann, und im Stimmengewirr der anderen kann er dann nicht einmal mehr verstehen, was da eigentlich inhaltlich gesagt wird.

Weil der Text verstanden werden soll, ist es sachgerecht, dass er nur von einer einzelnen Person laut vorgetragen wird. Man kann es auch aus einer anderen Perspektive beschreiben: Damit Wir-Texte verständlich bleiben, hat die Kirche ein eigenes Amt für den Vortrag geschaffen, nämlich das Amt des *Liturgievorstehers* (Kapitel 9). Der Vorsteher stellt sich in den Dienst der Versammlung, indem er anstelle unverständlichen gemeinsamen Genuschels einen verständlichen Text vorträgt, und zwar *im Namen der Versammlung* und *mit Zustimmung der Versammlung*. Der Vorsteher ist deswegen aber keineswegs mächtiger als die anderen, denn ohne das *Amen* der Versammlung ist alles, was er tut, unwirksam.

Nur in einem einzigen Fall lässt sich gemeinschaftlich vorgetragenes Gebet gut umsetzen, nämlich wenn der Text sehr häufig wiederkehrt und allen so gut bekannt ist, dass sich ein einheitlicher Sprechrhythmus etabliert hat, ohne dass es stressig oder unverständlich wird. In der Tat: Das Herrengebet (Vaterunser), das ja auch ein an Gott gerichtetes Wir-Gebet ist, wird in der katholischen Liturgie meist gemeinschaftlich gesprochen oder gesungen. Aber selbst das ist erst eine Entwicklung des 20. Jahrhunderts. Zuvor beschränkte sich die Versammlung – wenn überhaupt – auf die letzte Zeile *sondern erlöse uns von dem Bösen*, alles andere wurde nur vom Vorsteher vorgetragen.

Konsequenzen für die Praxis

Schon an dieser Stelle ergeben sich erste Konsequenzen für die Praxis. Eine Versammlung, die das *Amen* nicht aktiv übernimmt, kann auch nicht die Verantwortung tragen, die ihr liturgisch zukommt. Das geschieht natürlich meistens nicht aus Boshaftigkeit oder bewusster Verweigerung, sondern aus Unkenntnis. (Dass es Menschen gibt, die wegen Krankheit, Gebrechlichkeit oder fehlender Sprachkenntnisse nicht aktiv und laut zustimmen können, ist ohnehin klar; darum geht es hier natürlich nicht.) Es zeigt sich, wie dringlich eines der Anliegen ist, die das Konzil ganz nach oben auf die Tagesordnung der katholischen Kirche gesetzt hat: liturgische Bildung, und zwar liturgische Bildung aller, nicht nur der Hauptamtlichen. Für liturgische Bildung sind theoretische Kenntnisse hilfreich, aber noch entscheidender ist das, was man heutzutage *best practice* nennt: Die katholische Kirche braucht dringend Orte, an denen Liturgie in sachgerechter Gestaltung *erlebt* und dabei zugleich *erlernt* werden kann. Die Theorie braucht man dann nur noch, um die Sache *besser* zu verstehen, aber nicht, um sie *überhaupt* zu verstehen. Dieses grundlegende Verstehen geschieht ohnehin nicht rational, sondern durch das Miterleben und Sich-Hineinbegeben in die Würde der Versammlung als Trägerin der Liturgie.

Ein weiterer Aspekt: Ein Liturgievorsteher, der das *Amen* selbst spricht, handelt gegenüber der Versammlung übergriffig (so wie die Vereinsvorsitzende, die bei der Entlastung des Vorstands schnell noch ihre Stimme in die Wahlurne wirft, in der Hoffnung, dass das niemandem auffällt). Natürlich hat auch das oft praktische Gründe und ist gut gemeint – der Vorsteher will den Menschen helfen, an der richtigen Stelle das Richtige zu sagen –, aber es läuft langfristig darauf hinaus, die Versammlung zur Zuschauerin zu degradieren, anstatt sie als Trägerin der Liturgie und damit als Kirche ernst zu nehmen. Haupt- und Ehrenamtliche stehen hier vor einem unlösbaren Problem, denn oft müssen sie Gottesdienste leiten, in denen nur sehr wenige oder gar keine Mitfeiernden ihre Rolle kennen und aktiv ausfüllen, zum Beispiel bei Taufen, Trauungen oder Begräbnissen. Das muss man dann irgendwie praktisch regeln und versucht es vielleicht mit eingeschobenen kommentierenden Anleitungen, mit der Produktion von Liturgieheften, aus denen der gesamte Ablauf hervorgeht, oder mit radikaler Vereinfachung des gesamten Rituals. Wie man es auch tut: Immer wird das Bild von Bühne und Publikum verstärkt, wahlweise auch von Lehrer und Schülern oder von Mächtigen und Machtlosen. Die Liturgie wird unweigerlich den Charakter einer Belehrung bekommen, sie wird dem alltäglichen Leben als Fremdkörper gegenüberstehen, anstatt das Leben symbolisch zu deuten und ihm eine Zielrichtung zu geben.

Liturgie: eine Sache für Eingeweihte

Es führt kein Weg an diesem Dilemma vorbei: Katholische Liturgie im Sinne des Konzils verlangt kompetente Individuen. Sie ist für „Eingeweihte“ konzipiert, wird aber in großem Umfang von „Nichteingeweihten“ gefeiert.

Hier ist wieder ein Hinweis auf das frühe Christentum hilfreich. Auch wenn es intolerant oder jedenfalls nicht besonders integrativ erscheinen mag: Das Christentum der ersten Jahrhunderte hatte gute Gründe, zu bestimmten liturgischen Vollzügen nur getaufte Vollmitglieder der Kirche zuzulassen. Zu anderen Teilen der Liturgie waren auch erwachsene Taufbewerber zugelassen, zu wieder anderen Teilen auch Gäste. (Diese Praxis wird mit dem Fachbegriff *Arkandisziplin* bezeichnet.) Die Versammlung der Kirche handelte nicht anders als es die Jahreshauptversammlung eines Vereins tut, wenn sie Nicht-Mitglieder und die Presse von einer vertraulichen Aussprache über interne Dinge ausschließt. Die Liturgie ist gewissermaßen die interne vertrauliche Angelegenheit der Kirche, denn dort tritt sie in Dialog mit Gott und konstituiert sich selbst als Versammlung vor Gott.

Liturgie mit „Nichteingeweihten“ – ganz gleich ob sie formal Mitglieder der Kirche sind oder nicht – ist eine gewaltige Herausforderung für die heutige kirchliche Arbeit und für die theologische Reflexion über die Liturgie. Ein allgemein akzeptierter praktischer Lösungsweg für die Liturgiegestaltung in solchen Fällen ist nicht in Sicht.

Eine kleine Randbemerkung: Die Eucharistiefeier der byzantinischen Tradition – die vor allem für das orthodoxe Christentum prägend ist – hat ein Detail aus der Zeit der oben beschriebenen Arkandisziplin bewahrt. An der Stelle der Eucharistiefeier, an der in der Mitte des 1. Jahrtausends die Ungetauften den Kirchenraum verlassen mussten, steht bis heute der Ruf *die Türen, die Türen.* Es galt aufzupassen, dass niemand Unbefugtes mehr in der Versammlung anwesend war oder sie betrat. Es kann auch heute nicht-orthodoxen Besuchern einer orthodoxen Liturgie passieren, dass sie ab diesem Zeitpunkt auf spezielle Besucherplätze verwiesen werden. Oft wird man aber auch als Gast weiter willkommen geheißen, der Ruf *die Türen, die Türen* ist dann ein reines Zeremoniell ohne praktische Bedeutung.

Ich-Gebete

Gelegentlich erlebt man Liturgievorsteher, die ein liturgisches Gebet in der Ich-Form vortragen. Das ist der sicherste Hinweis darauf, dass der Vorsteher vom liturgischen Buch abgewichen ist und den dort vorgesehenen Gebetstext nicht verbessert, sondern verschlechtert hat. Solche Ich-Gebete setzen die Versammlung von der *Trägerin der Liturgie* zur *Zuschauerin eines Bühnenauftritts* herab.

Actuosa participatio

Das Zweite Vatikanische Konzil verwendet bei der Beschreibung der Liturgie immer wieder den Ausdruck *tätige Teilnahme*, lateinisch *actuosa participatio*, manchmal auch erweitert zu *voller, tätiger und einer Gemeinschaft angemessener Teilnahme (plena, actuosa et communitatis propria participatio)*. Damit ist nicht gemeint, dass jeder Mitfeiernde etwas Individuelles zu tun bekommt, sondern dass alle die ihnen in der Liturgie zukommende Rolle sachgerecht und bewusst ausfüllen. Die wichtigste dieser Rollen ist die Versammlung selbst!

Damit *actuosa participatio* (oft auch in vertauschter Wortreihenfolge *participatio actuosa*) gelingen kann, braucht es laut dem Konzil vor allem zwei Dinge: erstens liturgische Bildung und zweitens eine Liturgiegestaltung, die schon aus sich selbst heraus einen passenden Rahmen für *actuosa participatio* schafft – das war der entscheidende Grund für die vom Konzil beschlossene Liturgiereform. Alle Überlegungen in diesem Buch sollen zeigen, wie die katholische Liturgie, so wie sie heute ist, sachgerecht, das heißt im Sinne einer Versammlung und im Sinne der *participatio actuosa* konkretisiert werden kann.

Ein für die katholische Kirche prägendes Phänomen bedarf einer näheren Betrachtung, nämlich die Weihe einzelner Personen zu bestimmten Ämtern, während andere Ämter keine Weihe verlangen. Was hat es mit diesem Unterschied auf sich, ist er überhaupt sinnvoll, und welche Rolle spielt die Weihe für die Liturgie?

3 Zwölf Apostel, Ordinationen und Beauftragungen –

Weiheämter und Laienämter in der katholischen Kirche

In der katholischen Kirche – genau wie in den orthodoxen, orientalischen, anglikanischen und altkatholischen Kirchen – spielen drei Ämter eine zentrale Rolle. Sie waren ungefähr ab dem späten 2. Jahrhundert flächendeckend im Christentum verbreitet: Bischof, Presbyter und Diakon. Aufgrund dieser speziellen Ämterstruktur werden alle diese Kirchen unter dem Oberbegriff *episkopale (= bischöflich verfasste) Kirchen* zusammengefasst. Um die Sache besonders kompliziert zu machen, gibt es auch Kirchen – zum Beispiel viele evangelische Kirchen oder die neuapostolische Kirche –, die ebenfalls ein Amt namens *Bischof* haben, aber trotzdem nicht zu den episkopalen Kirchen gezählt werden, und dann gibt es auch noch die Bezeichnung *episkopale Kirche* als Eigenname, etwa für die Anglikaner in Nordamerika *(Episcopal Church).*

Das dreigliedrige Amt wird in Bekenntnistexten dieser Kirchen als fester, unverzichtbarer Bestandteil ihres Kircheseins dargestellt. Diese Ämter gehören also zur DNA der Kirche – wobei es intern auch Stimmen gibt, die diese Vorstellung ablehnen. Leider wird das dreigliedrige Amt oft unsachgemäß interpretiert: sowohl von Angehörigen der betreffenden Kirchen als auch von Außenstehenden sowie von Medien, die über kirchliche Vorgänge berichten. Diese Missverständnisse haben sich die episkopalen Kirchen allerdings auch selbst zuzuschreiben, und deswegen braucht es hier eine etwas genauere Betrachtung.

Ordinierter Bischof und ordinierte Mitarbeiter

Das Modell, das sich in der frühen Kirche durchgesetzt hat, sieht folgendermaßen aus: Jede städtische Gemeinde (mit dazugehörigem Umland) wird durch einen einzelnen Bischof geleitet. Leitung kann an verschiedenen Orten und zu verschiedenen Zeiten durchaus Unterschiedliches bedeuten. Auch das Verfahren, nach dem ein Bischof ausgewählt wird, kann völlig verschieden sein. Die Einsetzung in das Bischofsamt erfolgt jedenfalls durch eine eigene liturgische Handlung, die *Weihe*, oder mit dem Fachbegriff gesagt: die *Ordination* des Bischofs. Die Ordination wird durch andere Bischöfe vorgenommen, in der Regel Nachbarbischöfe im Rahmen einer größeren, regionalen Kirchenstruktur.

Der Bischof kann ebenfalls durch Ordination Mitarbeiter einsetzen, insbesondere *Presbyter* und *Diakone*. Der genaue Aufgabenbereich der Presbyter und Diakone kann wiederum unterschiedlich sein. Einige Aufgaben wurden allerdings im Laufe der Zeit für unveränderlich erklärt (was spätere Diskussionen über die Verbindlichkeit solcher Zuordnungen natürlich nicht ausschließt).

Die drei ordinierten Ämter und ihre Rolle in der Liturgie werden in Kapitel 8–10 behandelt. Daher soll es hier zunächst nur darum gehen, den Sinn der Ordination insgesamt zu erschließen und verbreitete Missverständnisse auszuräumen.

Ordination auf Dauer

Ordinationen sind zeitlich unbefristet. Die katholische Kirche kennt viele Ämter, die zeitlich befristet sind, etwa das Amt des Pfarrgemeinderatsvorsitzenden, das Amt einer kirchlichen Richterin oder das Amt der Generalsekretärin der Deutschen Bischofskonferenz. Eine Ordination kann dagegen dem Ordinierten nicht weggenommen und daher auch nicht wiederholt werden.

Die Kirchengeschichte ist voll von Episoden, in denen Bischöfe aus ihrem Amt abgesetzt wurden, sei es durch die Entscheidung einer übergeordneten Instanz, sei es, weil die Gemeinde ihren Bischof davonjagte. Die Frage, ob ein solcher abgesetzter Bischof dann immer noch ein „echter" Bischof war, stellte sich allenfalls theoretisch. Es gab ja keinen Ort mehr, an dem der Bischof sein Amt hätte ausüben können, und ein Messgerät, dass eine Person scannt und dann anzeigt, ob sie Bischof ist oder nicht, gab es nicht und wird es nie geben. Wenn aber – und das war gar nicht selten – ein abgesetzter Bischof später wieder eingesetzt wurde, wurde er nicht erneut ordiniert.

Das auf Präzision und juristische Genauigkeit bedachte lateinische Denken des westeuropäischen Hochmittelalters hat das in eine prägnante, aber missverständliche Formel gebracht: Die Ordination verleiht einen *character indelebilis*, ein *unauslöschliches Prägemal*. Diese Formel wird übrigens von anderen christlichen Denkformen abgelehnt, wie sie etwa in den Ostkirchen und in den evangelischen Kirchen vorherrschend sind, aber auch diese Kirchen wiederholen keine Ordination; ebenso ist es mit der Ordination zum Rabbiner oder zur Rabbinerin im Judentum.

Zeitlich befristete Ordinationen sind ein gelegentliches Gedankenspiel, für das manche Menschen Sympathien haben, aber vor dem Hintergrund der geschichtlichen Entwicklung scheint es mir eher unwahrscheinlich, dass sich dieses Modell durchsetzen wird. Es geht bei der Ordination ja nicht nur um eine mittelalterliche lateinische Denkweise, die man mögen kann oder nicht, sondern um eine durchgängige Praxis in der Christentumsgeschichte mit einer wichtigen Aussage: Ordinierte werden von ihrer Kirche so umfassend in Anspruch genommen, dass ihre Ordination zu einem festen Bestandteil ihrer Biographie wird, der sich nicht mehr wegnehmen oder willentlich abschütteln lässt. Es ist in der katholischen Kirche möglich, auf eigenen Wunsch oder als Strafmaßnahme von allen Rechten und Pflichten des ordinierten Amtes entbunden zu werden, aber es bleibt dabei: Die Ordination wird niemals wiederholt. Ob man das mit dem Begriff des *character indelebilis* beschreibt oder auf andere Weise, ist zweitrangig.

Ordination und Eucharistie

Die wichtigste liturgische Aufgabe des Bischofs bestand und besteht in der Leitung der Eucharistiefeier, der zentralen Versammlung der Kirche, durch die sie das wird, was sie ist (Kapitel 2).

Schon immer konnte es in größeren Städten mehrere Versammlungsräume geben, in denen Eucharistie gefeiert wurde. Möglicherweise gab es eine sehr frühe Phase, in der jeder Gastgeber einer solchen Versammlung mit dem Titel *episkopos* bezeichnet wurde, aber als sich das Bischofsamt als ordiniertes Amt in einer gewissen städtischen Öffentlichkeit durchsetzte, war es immer ein einzelner Bischof pro Stadt. Dieser Bischof konnte aber nicht bei allen Versammlungen zugleich sein, zudem konnte er auch erkranken oder gelegentlich verreisen. In allen diesen Fällen musste jemand anderes die Leitung der Eucharistiefeier übernehmen, und nach einigen Kompetenzstreitigkeiten setzte sich ab dem 4. Jahrhundert flächendeckend folgende Regelung durch: Wenn eine Eucharistiefeier nicht von einem Bischof geleitet wird, muss sie von einem Presbyter geleitet werden. Damit war die Grundlage für die spätere Entwicklung geschaffen, wonach der Presbyter zum eigentlichen Gemeindeleiter vor Ort wurde – nämlich dem *Pfarrer* als Leiter einer *Pfarrgemeinde* –, während sich der Bischof zu einer regionalen Oberaufsicht über ein größeres kirchliches Gebiet wandelte. Mit dieser Entwicklung gerieten die Diakone (Kapitel 10) ins Hintertreffen und wurden für lange Zeit bedeutungslos.

Ordinierte als *Priester*

Man nehme also a) die Theorie des *character indelebilis* und b) die Regelung, wonach nur Bischöfe und Presbyter Eucharistiefeiern leiten. Einen Aspekt der liturgischen Leitung haben wir bereits in Kapitel 2 gesehen: Wer leitet, spricht im Namen der Versammlung („Wir") öffentlich zu Gott, wobei die Versammlung das Gesprochene durch ihr *Amen* bestätigt.

Das wichtigste dieser Wir-Gebete ist das Eucharistische Hochgebet, in dessen Rahmen der Heilige Geist über Brot und Wein angerufen wird, da doch Jesus selbst seinen zwölf Gefährten diese Feier anvertraut hat („tut dies zu meinem Gedächtnis", Lk 22,19) und Brot und Wein auf sich selbst hin gedeutet hat („mein Leib", „mein Blut", Lk 22,19–20).

Für die Formulierung „*das ist* mein Leib" gibt es im biblischen Text keine eindeutige Interpretation. Ist das Brot als Materie gemeint? Oder geht es um den größeren Zusammenhang des gemeinschaftlichen Mahles? Und was das Wort *ist* bedeutet, hängt davon ab, welches philosophische Modell von *Sein* man voraussetzt. Folgender Gedankengang hat jedenfalls Nachwirkungen bis heute: Wenn Bischof und Presbyter etwas haben, was andere nicht haben (den *character indelebilis*), und wenn in der Eucharistiefeier die Formel *das ist mein Leib* immer von einem Bischof oder Presbyter vorgetragen wird, dann müssen Bischöfe und Presbyter über eine besondere *Fähigkeit* (lateinisch *potestas*) verfügen, von der alle anderen abhängig sind, um überhaupt Kirche sein zu können. Damit stellte sich die Eucharistie – ja letztlich sogar die Kirche – dann tatsächlich als ein Gegenüber von *machtvoll Handelnden* und *machtlos Empfangenden* dar.

Die Unterscheidung zwischen Bischöfen und Presbytern war dafür nicht mehr so wichtig. Für beide wurde ein zusammenfassender Begriff verwendet. Dieser Begriff stammte aus der antiken Kultsprache und bezog sich auf Menschen, die etwas können, das andere nicht können, nämlich verbindliche und verlässliche Kommunikation mit einer Gottheit durchführen. Es handelt sich um den Begriff des *Priesters*. In der lateinischen Sprache des katholischen Kirchenrechts ist das auch heute noch so: Bischof *(episcopus)* und Presbyter *(presbyter)* werden unter dem Oberbegriff Priester *(sacerdos)* zusammengefasst. Im Deutschen wanderte die Bezeichnung *Priester* exklusiv zum *Presbyter*. Daher kennen die meisten Katholiken im deutschsprachigen Raum den Begriff *Presbyter* nur aus der evangelischen Kirche, wo er ein ehrenamtliches Wahlamt bezeichnet, vergleichbar dem katholischen Pfarrgemeinderat. Auch wenn es ungewohnt ist, werde ich in diesem Buch konsequent vom *Presbyter* sprechen.

Die Bedeutung der *Priester* (also *Bischöfe* und *Presbyter*) spiegelte sich auch im westeuropäischen Bildungssystem früherer Jahrhunderte. Nur wer die Ordination anstrebte, konnte Zugang zu höherer Bildung erhalten, abgesehen vielleicht von reichen Adligen und manchen weiblichen Mitgliedern von Ordensgemeinschaften. Theologische Ausbildung und höhere Studien waren auf Ordinierte bzw. Ordinationskandidaten beschränkt. So wurden in der katholischen Kirche alle möglichen Ämter in der Verwaltung, Lehre, Forschung, Erziehung von Presbytern ausgeübt. Auch das heutige katholische Kirchenrecht verlangt für manche Aufgabenbereiche zwingend die Ordination, bei denen man fragen kann, ob das denn überhaupt von der Sache her geboten ist.

Zusammengenommen ergab sich folgendes Bild, das auch heute noch in der katholischen Kirche wirkmächtig ist und in den Medien herumgeistert: Irgendwelche Männer können auf mysteriöse Weise normales Brot und normalen Wein in Leib und Blut Christi verwandeln, und deswegen sind alle anderen von diesen Männern abhängig.

Apostolizität und Eucharistievorsitz

Diese lange Erläuterung soll vor allem zeigen, wie grundlegend sich das Verständnis der *Kirche als Versammlung* von einem *klerikalistischen* (also auf den *Klerus* = die Ordinierten bezogenen) Kirchenbild unterscheidet. Wie kann nun aber die Bedeutung der Ordination positiv verstanden werden und was bedeutet das für die Kirche und ihre Liturgie?

Zentrales Stichwort ist die *Apostolizität* – darauf beriefen sich Bischöfe des 2. Jahrhunderts genauso wie das Zweite Vatikanische Konzil. Wenn von der Kirche gesagt wird, sie sei *apostolisch*, bedeutet das, dass sie in authentischer Weise jene Botschaft durch die Zeit trägt, die Jesus seinen Zeitgenossen anvertraut hat. Unter ihnen spielte ein namentlich überlieferter Kreis von zwölf Männern eine besondere Rolle (siehe z. B. Mk 3,13–19), die die spätere Tradition *Apostel* nannte, wörtlich *Boten* (ein Begriff, der im Neuen Testament eigentlich in einem viel weiteren Sinn verwendet wird).

Nun nimmt selbstverständlich jede christliche Kirche für sich in Anspruch, *apostolisch* zu sein. In den Kirchen des episkopalen Typs kommt aber eine entscheidende Pointe hinzu: Apostolizität besteht nicht nur im *Inhalt* des Glaubens, sondern sie wird auch *personal* sichtbar gemacht: durch das ordinierte Amt, konkret die Bischöfe. Die Bischöfe von heute sind nicht nur *funktional* zur Sicherstellung der Apostolizität der Kirche gedacht, sondern sie sind die *personalen* Abbilder der biblischen zwölf Apostel. So wie die Apostel ihren Mitarbeitern Aufgaben anvertrauten, so tun dies auch die heutigen Bischöfe, indem sie Presbyter und Diakone ordinieren.

Da jede Ordination durch einen Bischof vorgenommen wird, verweist sie auf einen größeren Zusammenhang: auf die vom Bischof geleitete regionale Kirche, auf die von anderen Bischöfen geleiteten Kirchen an anderen Orten, auf die früheren Bischöfe, die ihre Nachfolger ordiniert haben und so weiter.

Nun kann man dieses Prinzip der durchgängigen Ordination durch Bischöfe historisch nicht bis zu Jesus zurückverfolgen, dafür fehlen schlichtweg die Belege. Wir wissen sogar, dass zu manchen Zeiten andere Regeln für die Ordination galten als heute, und für die ersten zwei bis drei Jahrhunderte kann man ohnehin nur ganz wenig belegen, das der heutigen Praxis entspricht. Es kann also bei der Ordination nicht um den historischen Nachweis eines einwandfreien „Ämterstammbaums“ gehen, der bis zu einem der zwölf Apostel zurückreichen würde. Es geht aber durchaus um eine *symbolische* Bedeutung, um *Bildhaftigkeit*: Durch die Ordination verweist die Kirche auf ihren Ursprung und verpflichtet sich auf ihn. Sie tut das *personal*, also menschlich, leiblich, im wahrsten Sinne des Wortes „sinnlich“, weil der christliche Glaube nun einmal den ganzen Menschen betrifft und alles Irdische und Leibliche darin einbezogen ist.

Wenn die Leitung der Eucharistiefeier nur Bischöfen und Presbytern anvertraut ist, folgt daraus nicht, dass diese Personen über irgendwelche mysteriösen Fähigkeiten verfügen, sondern: Wo die Kirche durch ihre eucharistische Versammlung zur Kirche wird, darf der personale Ausdruck der Apostolizität nicht fehlen. Die einzelne Versammlung besteht nicht aus sich selbst, sondern steht in Beziehung zu ihrem Ursprung. Die Eucharistiefeier ist keine von der Versammlung erbrachte Leistung, sondern etwas, das ihr geschenkt ist, genau wie der Glaube und die Berufung zur Mitgliedschaft in der Kirche. Die Leitung durch einen Ordinierten symbolisiert, dass die Kirche nicht aus sich selbst existiert, sondern dass sie einen Ursprung hat, der außerhalb ihrer selbst liegt. Die in der Diskussion darüber immer wieder auftauchende lateinische Kurzformel lautet *extra nos*, also *außerhalb unserer selbst*.

Gelegentlich berichten die Medien über Gruppen von Katholiken, die ohne ordinierten Vorsteher Eucharistie feiern. Das geschieht dann oft mit Hinweisen wie „Gott liebt uns doch alle“, „In der Kirche sollen alle gleichberechtigt sein“, „Der Heilige Geist beschränkt sich nicht auf die Priester“ oder Ähnliches. Solche Polemik mag vor der Geschichte des katholischen Klerikalismus nachvollziehbar sein, greift aber trotzdem theologisch zu kurz. Die Liturgie der Kirche ist Ausdruck ihrer Identität, gerade deswegen steht sie nicht zur freien Verfügung einzelner Personen nach ihrem jeweiligen Wunsch oder nach ihrer theologischen Überzeugung. Liturgie ist weder der passende Ort für Klerikalismus noch für Selbstermächtigung der Versammelten über das, was sie tun.

Die Kirche schützt das, was ihr an ihrem Kirche-Sein wichtig ist: Eucharistie ist die *Versammlung schlechthin*, und diese Versammlung soll immer über sich selbst hinausweisen. Dem dient das *extra nos* des ordinierten Vorstehers: Bischof oder Presbyter. Eucharistiefeiern ohne einen solchen ordinierten Vorsteher erkennt die katholische Kirche nicht an, und die Beteiligten unterliegen hohen Kirchenstrafen.

Liturgische Leitung und Gemeindeleitung durch Ordinierte

Wie schon gesagt: In der katholischen Kirche liegen viele Leitungsaufgaben ausschließlich in den Händen von Ordinierten. Das ist offenkundig in der Liturgie so, aber auch außerhalb der Liturgie. In einer Pfarrgemeinde geht nichts ohne den *Pfarrer* (der immer ein ordinierter Presbyter ist). Sogar die kirchenrechtlich zulässigen Formen von Gemeindeleitung ohne einen vom Bischof ernannten Pfarrer sind immer an einen letztverantwortlichen Presbyter gebunden. Der Pfarrer wird durch den Bischof eingesetzt. Der Bischof ist in seinem Amtsbereich, dem *Bistum* (in Österreich *Diözese* nach dem Begriff für einen Verwaltungsbezirk des Römischen Reichs), Liturgievorsteher, Gesetzgeber und Richter zugleich. Und an der Spitze der weltweiten katholischen Kirche befindet sich wiederum eine ordinierte Einzelperson: der Bischof von Rom, also der Papst.

In der Ordinationsliturgie des Bischofs wird für diese Bündelung kirchlicher Verantwortung eine bemerkenswerte biblische Begründung gegeben. Im alttestamentlichen Israel – das die gemeinsame Grundlage für Judentum wie Christentum ist – wurde unterschieden zwischen der Verantwortung für den religiösen Kult (diese lag bei den Priestern, ausgehend von Aaron, dem Bruder des Mose) und der Verantwortung für die soziale Leitung des Volkes (die auf Mose, den Überbringer der göttlichen Lebensweisung, zurückgeht). Im Neuen Testament findet sich nun eine revolutionäre neue Idee: Dank Jesus Christus gibt es keine Trennung mehr zwischen Liturgie und Sozialem, zwischen Kult und Alltag. Da Jesus bereit war, für seine Botschaft den Tod auf sich zu nehmen, hat er gezeigt, dass man den Sinn jeder Liturgie – sich ganz auf Gott auszurichten – nur durch das Leben selbst erfüllen kann. Wo ein Mensch Gott mehr vertraut als dem Tod, geschieht wahre Gottesverehrung, wahre Liturgie. Deswegen wird erzählt, dass im Moment des Todes Jesu der Vorhang des Tempels entzweireißt (Mk 15,38). Die Grenze zwischen dem sakralen Bereich des Tempels und dem profanen Bereich des Alltags wird durchbrochen.

Wenn es demnach im Christentum letztlich keine Trennung zwischen Kult und Alltag gibt, dann soll es auch keine Trennung zwischen liturgischer Leitung und Gemeindeleitung geben. Dies ist die Begründung für die auf fast allen Ebenen *monarchische* Struktur der katholischen Kirche: die Bündelung von Verantwortlichkeiten in den Händen einzelner Ordinierter.

Dieser Gedanke ist verblüffend konsequent, aber die Realität wirft ein anderes Licht auf die katholische Kirche. Denn natürlich sind Ordinierte keine besseren Menschen als Nicht-Ordinierte. Sie nehmen Fehleinschätzungen vor, können sich irren und wie alle Menschen den Versuchungen der Macht erliegen: finanziell, spirituell, intellektuell, sexuell. Die biblisch vorgegebene enge Verbindung von Liturgie und sozialem Zusammenleben lässt sich eben doch nicht so einfach in eine monarchische, autoritäre Leitungsstruktur übertragen. Angesichts des verheerenden Missbrauchs von Macht benötigt die katholische Kirche dringend eine Korrektur ihrer monarchischen Strukturen. Dabei muss ernst genommen werden, dass alle Getauften Vollmitglieder der Kirche mit gottgegebenen Gaben sind. Zu diesen Gaben kann auch die Fähigkeit gehören, Verantwortung für größere Zusammenhänge des kirchlichen Lebens zu übernehmen – während umgekehrt manchen Ordinierten diese Fähigkeit fehlt.

Ich breche meine Überlegungen an dieser Stelle ab. Denn wie schon in Kapitel 1 gezeigt, ließe sich die Liturgie mitsamt den darin vertretenen Rollen auch dann schlüssig verstehen, wenn die rechtliche Struktur der katholischen Kirche anders wäre als sie es derzeit ist. Das gilt auch für jenes heiße Eisen, das bereits ganze Bücher aus kompetenten Federn füllt: die Tatsache, dass die Ordination in der katholischen Kirche ausschließlich Männern gespendet wird. Zweifellos werden Geschlechterbilder auch durch die Ordinationsregeln geprägt, aber für das sachgerechte Verständnis dessen, was es heißt, einer Liturgie vorzustehen, ist es unerheblich, ob die Person, die diese Rolle ausfüllt, männlich oder weiblich ist. Dass die katholische Kirche die Leitung bestimmter Liturgien – besonders der Eucharistiefeier – auf Bischöfe und Presbyter beschränkt, die Leitung anderer Liturgien – etwa Tagzeitenliturgie und Wort-Gottes-Feier – aber auch Diakonen und anderen Getauften unabhängig vom Geschlecht anvertraut, ist nicht an den Liturgien selbst abzulesen, sondern von außen in sie hineingetragen.

Eine Presbyterin in der anglikanischen Kirche übernimmt bei der Eucharistie genau dieselbe Rolle wie ein Presbyter in der katholischen Kirche. Sollte die katholische Kirche Frauen zur Ordination zulassen, würde eine katholische Presbyterin dieselbe Leitungsrolle übernehmen wie ein männlicher Presbyter. Sollte die katholische Kirche Frauen hingegen auch weiterhin nicht zur Ordination zulassen, werden Frauen trotzdem vollberechtigte Mitglieder der liturgischen Versammlung sein – genau wie jene 99,9% aller katholischen Männer, die getauft, aber nicht ordiniert sind.

Niedere Weihe und Beauftragung

Neben Bischof, Presbyter und Diakon kannte die katholische Kirche bis zum Konzil auch noch *niedere Weihen*: Ordinationen, die auf kirchliche Ämter in der Spätantike zurückgingen, im Laufe der Geschichte aber an praktischer Bedeutung verloren hatten und nur noch zur Vorbereitung auf die Ordination zum Presbyter durchlaufen wurden. Die katholischen Ostkirchen kennen diese Ämter übrigens auch heute noch, genau wie die orthodoxen.

Die niederen Weihen wurden durch das Konzil abgeschafft, an ihre Stelle traten Rollen, die im Prinzip von allen Nicht-Ordinierten übernommen werden können. Durch den Wegfall der niederen Weihen stellte sich die Frage nach dem Geschlecht nicht mehr, obendrein empfand man es als absurd, dass man in den niederen Weihen rituell mit Aufgaben betraut wurde, die man anschließend gar nicht ausübte, zum Beispiel die des Ostiariers (eine Art „Türsteher“, der den Kircheneingang bewacht). Die Kirche befreite sich hier also von einem historischen Ballast, der jede praktische Bedeutung verloren hatte.

Seit dem Konzil erhält man als Nicht-Ordinierter für seine liturgische Rolle eine *Beauftragung*. Die Beauftragung fällt immer in der Zuständigkeit des jeweiligen Bischofs, daher lassen sich nur wenig allgemeine Aussagen darüber treffen. In vielen Fällen wird sich der Bischof gar nicht persönlich darum kümmern. Zur Beauftragung genügt eine informelle Absprache der beteiligten Personen („Kannst du das bitte gleich übernehmen?“). Es gibt aber auch Fälle, in denen mit einer liturgischen Rolle größere öffentliche Wirkung verbunden ist oder sie in besonders herausfordernden Lebenssituationen ausgeübt wird, beispielsweise die Leitung von Begräbnissen, die Leitung von sonntäglichen Wort-Gottes-Feiern oder der Predigtdienst. In diesen Fällen werden Bischöfe die Beauftragung persönlich vornehmen (möglicherweise in Form eines öffentlichen Gottesdienstes mit einem eigenen Segensgebet für den betreffenden konkreten Dienst) und eine eigene Ausbildungsordnung festlegen.

Eine solche Beauftragung ist eigentlich ein reiner *Rechtsakt*. Getaufte bekommen von ihrem Bischof, ihrem Pfarrer oder spontan von den Verantwortlichen einer Liturgie eine Aufgabe zugewiesen. Die Beauftragung zur Leitung von Begräbnissen verlangt möglicherweise eine mehrmonatige Schulung und sie wird dann befristet erteilt, zum Beispiel für vier oder fünf Jahre. Die Beauftragung, in einer Eucharistiefeier eine Lesung zu lesen (siehe Kapitel 4), bezieht sich vielleicht nur auf eine einmalige Situation und geschieht womöglich nur durch ein kurzes Kopfnicken („Mach das bitte, du weißt ja, wie es geht").

Diese Vorgehensweise kann man sympathisch finden, weil sie pragmatisch, flexibel und unkompliziert ist. Aber ist sie wirklich ein Gewinn gegenüber den niederen Weihen?

Wir hatten gesehen: Eine Ordination nimmt einen Menschen ein Leben lang in Anspruch. Wer sich in den Dienst der Kirche stellt, tut dies mit seiner ganzen Existenz. Das kann man nicht mehr abstreifen, es betrifft den Menschen in seiner ganzen Identität.

Aber tut das nicht auch die Beauftragung? Eine Begräbnisleiterin steht mit ihrer ganzen Persönlichkeit, ihren Fähigkeiten, Grenzen und ihrer Glaubwürdigkeit im Namen der Kirche vor trauernden Angehörigen, spricht ihnen Trost zu und wird psychisch, emotional und spirituell in Anspruch genommen. Sie sammelt Erfahrungen, die in ihre Lebensgeschichte eingehen und ihre Persönlichkeit prägen. Wird das in einem formalen Rechtsakt, der Überreichung einer Urkunde („… wird für den Zeitraum von 2022 bis 2026 mit der Leitung von Begräbnissen beauftragt …") und bestenfalls einem kleinen Segensgebet abgebildet? Kann man so etwas wirklich zeitlich befristen und dann wieder „wegnehmen", als wäre es nie geschehen? Oder ist es nicht eigentlich auch eine Art von *character indelebilis*?

Selbst etwas scheinbar so Harmloses wie das öffentliche Vortragen biblischer Texte (Kapitel 4) macht einen Menschen zum Gesicht und zur Stimme des *Wortes Gottes*, in dem sich die Geschichte von Menschen mit ihren Hoffnungen, Ängsten, Verirrungen und Befreiungen widerspiegelt.

Ich werde am Ende des Buches noch einmal darauf zurückkommen, möchte aber hier ein erstes Mal eine Lanze für das Modell der niederen Weihen brechen. Es schiene mir viel plausibler, wenn überall dort, wo Menschen öffentliche Rollen in der Kirche übernehmen, sie dafür auch eine *niedere Weihe* erhielten (wie auch immer man das dann nennt; der

Begriff klingt doch ziemlich verstaubt und etwas geringschätzig). So käme zum Ausdruck, dass alle diese Menschen mit ihrer ganzen Existenz im Dienst der Kirche stehen, Zeugnis geben und durch ihren Dienst geprägt werden.

Der Begriff *Laie*

Ich habe bisher den Begriff *Klerus/Kleriker* weitgehend vermieden, weil er zu negativ durch das Zerrbild des *Klerikalismus* besetzt ist. Ich werde auch weiterhin nur von *Ordinierten* sprechen.

Schwieriger ist es mit den *Nicht-Ordinierten*: Für sie verwendet man in der katholischen Kirche den Begriff *Laie*, aber das klingt in der deutschen Sprache eher nach Menschen, die inkompetent und ahnungslos sind. Manche sprechen lieber von *Getauften*, aber auch die Ordinierten sind getauft. Der Begriff *Nicht-Ordinierte* ist auch unpassend, weil er nur das „Fehlen von etwas" ausdrückt. Mit dem Konzil und mit den Worten der Taufliturgie könnte man alle Getauften als *Priester* bezeichnen, insofern das ihre Berufung ausdrückt, im Namen der ganzen Welt vor Gott zu stehen. Man spricht hier vom *Allgemeinen Priestertum* oder *Taufpriestertum* im Unterschied zum *Amtspriestertum* oder *ordinierten Priestertum*. Aber das würde dann noch weitere Verwirrung um den Begriff des *Priesters* stiften (siehe oben). Schweren Herzens bleibe ich also beim *Laien*, auch wenn ich mir bewusst bin, dass dieses Wort unpassende Assoziationen auslösen kann.

4 Bücher, Pulte, Mikrofone –
die Lektorin/der Lektor

Ich beginne den Durchgang durch die liturgischen Rollen mit jenem Dienst, der am häufigsten von Gemeindemitgliedern jedes Alters und Geschlechts übernommen wird, für den man auch in der Regel sehr leicht Freiwillige findet und der ein liturgietheologisch grundlegendes Geschehen berührt. Es geht um die Lektorin/den Lektor und damit um das Vorlesen von Texten in der liturgischen Versammlung, und zwar konkret *biblischer* Texte.

Lesungen durch Ordinierte und durch Laien

Für das Verständnis des Lektorendienstes ist es unerheblich, in welcher Liturgieform er ausgeübt wird: Eucharistiefeier, Tagzeitenliturgie, Wort-Gottes-Feier oder andere. Nur ein Detail ist im Blick zu behalten: In der Eucharistiefeier ist die Lesung des Evangeliums einem eigenen Amtsträger vorbehalten, nämlich dem Diakon (Kapitel 10, ich werde diese Regelung dort auch noch problematisieren).

Abgesehen vom Evangelium in der Eucharistiefeier werden Lesungen in der katholischen Liturgie nie von Ordinierten gelesen, insbesondere nicht von Bischöfen oder Presbytern. Wer ordiniert wird, verliert das Recht, Lektor zu sein!

Zugegeben: Die katholische Kirche kennt eine universale Notlösung, wonach auch Ordinierte Lesungen lesen dürfen, wenn sich sonst wirklich niemand dafür findet. So etwas kann zum Beispiel bei einem Begräbnis der Fall sein, das ein Presbyter an einem Werktag ganz alleine leitet und bei dem niemand aus der Trauergemeinde mit dem Lektorendienst vertraut ist. Aber in diesem Buch soll es nicht um solche Sonder- und Notfälle gehen, sondern um die Gemeinde, die sich versammelt und so zur Kirche wird.

Es handelt sich bei der genannten Grundregel nicht etwa um eine Bequemlichkeit, die den Ordinierten Arbeit ersparen soll, sondern um eine theologisch bedeutsame Sache: Diejenigen, die im Namen der Kirche Liturgien leiten, im Namen der Versammlung Gebete an Gott richten

(Kapitel 2) und meistens auch predigen (Kapitel 11), sind nicht *Eigentümer* der Botschaft, die dabei verkündet wird. Vielmehr sind sie darauf angewiesen, *dass ihnen das Wort Gottes gesagt wird.* Sie sind Empfänger der für die Kirche existenzbestimmenden Botschaft, und diese Botschaft ist allen Mitgliedern der Kirche durch die Taufe anvertraut. Daher kommen im Prinzip alle Getauften für den Lektorendienst infrage. Wer vorliest, stellt sich in den Dienst der Versammlung und gibt ihr etwas, das sie sich selbst nicht geben und nicht aus sich selbst hervorbringen kann: das biblisch geoffenbarte Wort.

In den meisten Gemeinden finden sich leicht Freiwillige für den Lektorendienst. Die Hemmschwelle ist relativ niedrig: Fast alle Menschen müssen auch im Berufsleben und im Privaten viel sprechen, viele haben schon als Kinder auf Familienfesten Gedichte aufsagen oder in der Schule ein Referat halten dürfen (oder müssen). Diese scheinbare Selbstverständlichkeit führt leider manchmal dazu, die Bedeutung des Lektorendienstes zu unterschätzen.

Das Wort Gottes in der Versammlung der Kirche

Für das Konzil war es ein zentrales Anliegen, die Stellung der Bibel in allen Gottesdiensten zu stärken (SC 24, 35, 51). Die Verkündigung der Bibel ist eine der Arten der Gegenwart Christi in seiner Kirche (SC 7, siehe Mt 18,20).

Der Vortrag biblischer Texte in der liturgischen Versammlung ist also nicht als *Mitteilung von Texten* zu verstehen (die man vielleicht sowieso schon kennt), sondern als leibhaft erfahrbare, hör- und sichtbare Gegenwart dessen, worauf die Kirche insgesamt aufbaut: die biblischen Quellen. Wo diese Quellen in die Mitte der Versammlung geholt werden, werden Menschen in das hineingenommen, was geschichtlich überliefert und als Bestimmung der eigenen Existenz (also als *Glauben*) angenommen wurde. Mehr als das kann es im Christentum gar nicht geben, allenfalls kann dieselbe Erfahrung in anderen Ausdrucksformen gemacht werden: Die Kirche schöpft aus ihren Quellen.

Eine Lektorin stellt sich in den Dienst der kirchlichen Versammlung, indem sie *in der* Versammlung und *für die* Versammlung gegenwärtig macht, woraus die Versammlung überhaupt erst ihre Identität gewinnt: das Wort Gottes.

Der Begriff *Wort Gottes* hat nichts mit primitivem Bibelfundamentalismus zu tun. Die Bibel ist nicht in dem Sinn Wort Gottes, dass Gott jedes Wort buchstäblich diktiert hätte und das dabei entstandene Buch nun als Sammlung naturwissenschaftlicher, logischer oder historischer Aussagen zu verstehen wäre. Die Bibel ist – so sagt es das Konzil – Wort Gottes, weil die Kirche in den biblischen Erzählungen, Zeugnissen, Bildreden, Weisheitslehren, in prophetischer Kritik, Mahnung und Verheißung Gott *durch Menschen nach Menschenart* hört (Dei Verbum 12).

Wer biblischen Text vorträgt, gibt den biblischen Autoren eine hörbare menschliche Stimme, und diese Stimme eröffnet Zugang zu dem, was Gott dem Menschen sagen möchte. Die Schlussformel, mit der Lesungen in der Eucharistiefeier und der Wort-Gottes-Feier beendet werden, ist ein wichtiger Schlüssel zum Verständnis: Die Lektorin sagt *Wort Gottes* oder *Wort des lebendigen Gottes* und die Versammlung antwortet *Dank sei Gott*. Dieser kleine Dialog zeigt, dass Lektorin und Versammlung aufeinander bezogen sind und dass die Versammlung die Bibel als *Gottes Wort in Menschenwort* anerkennt und annimmt.

Im Dienst des Textes

Daraus ergibt sich ein Anspruch an die innere Haltung: Es geht für die Lektorin darum, sich selbst transparent zu machen für Gottes Botschaft, die durch biblische Quellen spricht. Die Lektorin ist Vermittlerin zwischen der Bibel und der Versammlung. Sie ist Botin und Zeugin mit ihrer ganzen Persönlichkeit und ihren Fähigkeiten, aber nicht *um ihrer selbst willen*, sondern *um der Botschaft willen*.

Die Lektorin soll also nicht zu erkennen geben, wie sie persönlich den Text versteht, was ihr am Text besonders auffällt oder gefällt oder weniger gefällt. Schon gar nicht ist es ihre Rolle, den biblischen Text zu verändern, zu zensieren oder ihn dem eigenen Geschmack oder dem (vermeintlichen) Geschmack der Versammlung anzupassen. Die Lektorin soll zur Stimme des biblischen Autors werden.

Die Lektorin ist daher beides zugleich: Sie ist *Überbringerin* einer Botschaft, aber zugleich auch *Empfängerin* dieser Botschaft. Es geht nicht darum, was die Lektorin sagen möchte, sondern was die Bibel der Kirche sagt.

Leseordnungen

Es gibt an der Lesungsauswahl in der katholischen Liturgie vieles, das man kritisch sehen kann. Das Konzil hat eine völlig neue Anordnung biblischer Texte für die Eucharistiefeier, die Tagzeitenliturgie und für viele andere Gottesdienstformen im Laufe des Kirchenjahres in Auftrag gegeben. (Anders als vom Konzil vorgesehen, werden in der Wort-Gottes-Feier in der Regel dieselben Lesungen gelesen wie in der Eucharistiefeier desselben Tages. Das Konzil hatte eher ergänzende Texte zusätzlich zu denen der Eucharistiefeier vorgesehen und ging davon aus, dass die Wort-Gottes-Feier zusätzlich zur Eucharistiefeier gefeiert würde und nur im Notfall als eine Art Ersatz für die Eucharistiefeier.)

Wie jede Leseordnung hat auch die 1969 eingeführte ihre Stärken und Schwächen. Welche Texte der Bibel wurden überhaupt ausgewählt? Welche biblischen Texte werden nie gelesen, obwohl sie es durchaus wert wären? Wie und warum wurden einzelne Abschnitte aus größeren Textzusammenhängen herausgenommen? Wer waren die Personen, die diese Leseordnung im Auftrag des Papstes erstellt haben? Nach welchen Kriterien sind sie vorgegangen und was hat sie für diese Aufgabe qualifiziert?

Noch dazu ist die Bibel nicht in deutscher Sprache abgefasst. Jede deutsche Textfassung ist eine Übersetzung, und Übersetzungen können nach völlig unterschiedlichen Methoden erfolgen. Manchmal sind Reime, Wortspiele, Sprichwörter oder die im Hebräischen verwendeten Zahlenwerte einzelner Buchstaben wichtig – nichts davon kann umfassend in eine andere Sprache übertragen werden.

An der *Einheitsübersetzung*, die heute für den katholischen Gottesdienst in deutscher Sprache vorgesehen ist, waren über mehrere Jahrzehnte viele Fachleute aus unterschiedlichen Bereichen beteiligt. Damit konnte sichergestellt werden, dass keine groben inhaltlichen Übersetzungsfehler passieren – je mehr Augen draufschauen, umso besser. Andererseits entstand durch diese Arbeitsweise ein Kompromisstext, der dazu neigt, kraftlos und unpoetisch zu wirken, wobei die Neuauflage von 2016 schon einen deutlichen Gewinn gegenüber der Vorgängerversion darstellt.

Manches an diesen Rahmenbedingungen darf man also kritisch sehen. Leseordnungen und Bibelübersetzungen sind zu Recht ein großes Thema in der Fachdiskussion, und es wird immer wieder Reformen geben müssen. Aber sobald eine Leseordnung und eine Bibelübersetzung für die Liturgie in Kraft gesetzt wurden, gehören sie der ganzen Kirche und nicht dem einzelnen Lektor. Um es mit einem etwas in Verruf geratenen Begriff zu beschreiben: Die Lektorenrolle verlangt Demut. Denn dieser Dienst nimmt eine Lektorin auch für Texte in Anspruch, die ihr persönlich nicht gefallen, egal ob das am Inhalt oder an der sprachlichen Form liegt.

Kantillation

Dass es beim Lektorendienst nicht um individuelle Textinterpretation geht, wird auch an einer alten Kulturtechnik des liturgischen Textvortrags deutlich, die heute fast vollständig verschwunden ist, aber eine Wiederbelebung verdienen würde und einen festen Platz in der Schulung von Lektoren haben sollte: Lesungen können nach festen Melodieschemata (den *Lektionstönen*) in einer Art Sprechgesang vorgetragen werden. Man spricht hier auch von *Kantillation* (wörtlich *Gesangsweise*). Die Melodie richtet sich nach grammatischen Eigenheiten des Textes, beispielsweise werden Fragesätze anders vorgetragen als Aussagesätze, Haupt- und Nebensätze werden durch melodische Formeln erkennbar gemacht und so weiter.

Das Kantillieren hat einen praktischen Hintergrund. Als es noch keine Mikrofone und Lautsprecher gab, war es in großen Räumen und auf öffentlichen Plätzen unverzichtbar, mit der eigenen Stimme einen vollen Klang mit reichen Ober- und Untertönen zu erzeugen. Das geht in gesungener Form viel effizienter und stimmschonender als durch lautes Sprechen. Das weitgehend melodielose Sprechen, das wir heute pflegen, hat sich erst im Zeitalter des Rundfunks durchgesetzt. Man höre sich nur einmal alte Tonaufnahmen von Politikerreden oder Theaterstücken an und wird feststellen, dass da viel mehr „Singsang" zu hören ist als im heutigen monotonen Sprechfluss. Kantillieren ist eine Kulturtechnik für den öffentlichen Vortrag, zunächst ganz unabhängig von Religion und Liturgie.

Es gibt neben diesem praktischen aber auch einen theologischen Grund. Kantillationsregeln richten sich nach grammatischen Gegebenheiten. Indem eine Lektorin kantilliert, nimmt sie ihre persönliche Textinterpretation zurück und bietet der Versammlung den Text in möglichst objektiver Form: mit Haupt- und Relativsätzen, Fragen, Antworten, Ausrufen, Anfangs- und Schlusssätzen usw.

Mit dem Aufkommen von Mikrofon und Lautsprecher ist die Fähigkeit zur Kantillation weitgehend verloren gegangen. Es hat sich die Vorstellung durchgesetzt, dass doch sowieso jeder Mensch lesen könne und man für den Lektorendienst keine unnötigen Hürden aufstellen solle. Das ist eine erfreuliche Demokratisierung des Lektorendienstes, hat aber auch die erforderlichen Kompetenzen in den Hintergrund treten lassen. Was sind diese Kompetenzen?

Kompetenzen für den Lektorendienst

Zunächst verlangt der Lektorendienst eine angemessene innere Einstellung: die Bereitschaft, sich in den Dienst einer Botschaft zu stellen, unabhängig von der persönlichen Meinung oder aktuellen Befindlichkeit.

Außerdem braucht jeder Lektor die Fähigkeit, einen Text sinnerfassend lesen und grammatisch gliedern zu können und dabei die für das Textverständnis entscheidenden Wörter, inhaltliche Pointen und sprachliche Stolperfallen (zum Beispiel komplizierte Orts- oder Personennamen) zu identifizieren.

Drittens muss eine Lektorin den Text klanglich so abbilden, dass andere ihn inhaltlich verstehen und ihre Aufmerksamkeit mehr auf die Botschaft als auf die Person richten können. Dafür ist ein kompetenter Umgang mit der eigenen Stimme erforderlich. Mikrofon und Lautsprecher können nicht kompensieren, wenn jemand zu schnell oder zu monoton spricht. Das gilt auch für falsch eingesetzte Sprechpausen: zu kurz, zu lang, an unpassenden Textstellen, das gilt ebenso für das Verschlucken von Silben, hektisches Atmen und undeutliche Aussprache. Zur Aus- und Fortbildung von Lektoren gehört daher Sprechtraining, bei dem immer auch Schauspiel- und Gesangsunterricht wertvolle Dienste leisten können.

Vorbereitung

Wenige Minuten vor Beginn des Gottesdienstes noch schnell eine Lektorin aus der Gemeinde fischen und ihr ein aufgeschlagenes Buch in die Hand drücken: Das ist der Bedeutung dieser Rolle nicht angemessen. Lektorendienst verlangt rechtzeitige Vorbereitung und langfristige Planung.

Eine kleine Anregung: Wie wäre es, wenn es sich alle Lektoren einer Pfarrgemeinde zur Gewohnheit machen würden, jeden Sonntag die biblischen Lesungen für sich zu studieren und vorzubereiten, auch wenn sie selber nicht für den Lektorendienst eingeteilt sind? Das schult die kompetente Auseinandersetzung mit der Bibel und hätte den hilfreichen Nebeneffekt, dass man dann immer jemand gut Vorbereiteten findet, falls der eigentlich eingeplante Lektor kurzfristig ausfällt.

Lesungen weglassen?

Im deutschen Sprachraum – und zwar nur dort! – hat sich nach dem Konzil eine wirklich üble Unsitte verbreitet: In Eucharistiefeiern an Sonn- und Festtagen wird eine der beiden vorgesehenen Lesungen einfach weggelassen. Völlig gegen die Intention des Konzils, die Bibel reichhaltiger als zuvor in die katholische Liturgie einzubringen (SC 51), wurde diese Gewohnheit für den deutschen Sprachraum dann auch hochoffiziell erlaubt. Sie ist so verbreitet, dass es heute schwierig ist, gegenzusteuern. Lektorengruppen, die ihren Dienst engagiert wahrnehmen und sich seiner Bedeutung bewusst sind, sollten in ihren Gemeinden immer auch Anwälte der Bibel sein und sich energisch gegen solche gewohnheitsmäßigen Streichungen einsetzen.

Ambo

Nun ein Blick auf den Ort, an dem Lesungen vorgetragen werden: den *Ambo*. In heutigen Kirchenräumen bezeichnet man das Lesepult, von dem gelesen wird, als Ambo. Eine ältere Begriffsverwendung geht aber davon aus, dass es sich beim Ambo nicht um ein Pult, sondern um einen *Ort* im Kirchenraum handelt, der akustisch und optisch gut geeignet ist, um sich von dort aus verständlich zu machen. An diesem Ort *kann* sich auch ein Pult befinden, *muss* aber nicht – schließlich kann man einen Text ja auch auswendig oder mit einem aufgeschlagenen Buch in den Händen vortragen. In vielen Ostkirchen ist es bis heute üblich, ein Pult aufzustellen, auf dem ein Buch abgelegt wird, aus dem dann gelesen wird. Sobald der Vortrag beendet ist, wird nicht nur das Buch, sondern auch das Pult wieder verräumt. Die westeuropäische Kirchenarchitektur bevorzugte vor allem rund um die Wende vom 1. zum 2. Jahrtausend fest installierte, mehr noch: in die Gebäudearchitektur integrierte Pulte, die als Ambo bezeichnet wurden. Das 20. Jahrhundert hat daran wieder angeknüpft.

Ein solcher „Pult-Ambo" hat zwei große Vorteile: Er kann künstlerisch gestaltet werden und in dieser Gestaltung einen Schlüssel zum Verständnis der Verkündigung des Wortes Gottes bieten. Und indem der Ambo im Kirchenraum ständig sichtbar ist, drückt er die Wertigkeit der Bibel für die Kirche aus.

Es gibt aber auch Nachteile. In vielen Kirchen wurde der Ambo recht einfalls- und lieblos irgendwo seitlich in der Nähe des Altars installiert. Die Architektur lenkt die Blicke der Versammelten nicht von selbst dorthin, es wirkt eher, als hätte man irgendeinen Platz, der gerade noch frei war, pflichtgemäß mit diesem Objekt gefüllt. Noch dazu hat sich vielerorts eingebürgert, den Ambo nicht nur für das Wort Gottes, sondern auch für persönliche Grußworte, Liedproben, Pfarrnachrichten oder anderes zu nutzen – meist ist am Ambo das einzige frei verfügbare Mikrofon.

Der Ambo pflegt somit heute ein architektonisches Nischendasein, oder er wird von vornherein umfunktioniert zum Notenständer und Rednerpult für alle möglichen Gelegenheiten. Der Altar nimmt einen viel prominenteren Platz ein, ebenso wie mancherorts selbstgestaltete Plakatwände zu aktuellen Ereignissen aus dem Gemeindeleben. So kann aber kein nachhaltiger Ausdruck von Wertschätzung für das Wort Gottes entstehen.

Manche Ambonen sind noch dazu völlig ungeeignet für sehr klein oder sehr groß gewachsene Lektoren, ganz abgesehen von Rollstuhlfahrern. Nur selten findet man Ambonen, die individuell und unkompliziert in der Höhe verstellt werden können.

Aus all dem folgen einige Grundgedanken für den Umgang mit dem Ambo:

Wenn es einen fest installierten Ambo gibt, sollte er nur für die Verkündigung des Wortes Gottes verwendet werden (also die biblischen Lesungen und ggfs. auch die Predigt, siehe Kapitel 12), sonst für nichts.

Wenn es keinen fest installierten Ambo gibt, suche man sich einen Platz im Raum, von dem aus man gut gesehen und vor allem gehört werden kann. Das wird vermutlich oft eine Stelle zentral vor den Versammelten sein, so dass man in die Versammlung hineinsprechen kann. In alten Kirchengebäuden mit besonderen akustischen Gegebenheiten kann es aber auch andere geeignete Orte geben – die Akustik ist wichtiger als die Optik. Auch wenn manche da Hemmungen haben: Man darf beim Vortrag gerne die Sichtlinie auf den Altar, den Liturgievorsteher oder ein Kunstwerk durchbrechen. Das alles ist während der Lesung nicht entscheidend und darf daher im wahrsten Sinn des Wortes in den Hintergrund treten.

Wenn es einen fest installierten Ambo gibt, der aber unbrauchbar ist (weil die Lektorin im Rollstuhl sitzt, weil die Mikrofonanlage defekt ist oder aus welchen Gründen auch immer), dann wähle man sich einen alternativen Ort, der damit zum neuen Ambo wird. Man kann an diesem Ort ein Pult aufstellen, muss es aber nicht.

Lektorinnen und Lektoren geben in der christlichen Versammlung dem biblischen Wort ihre Stimme. Das ist keine unbedeutende Aufgabe und kein würdeloser Hilfsdienst. Hier realisiert sich, was die Kirche ist: Versammlung um das Wort Gottes, das immer wieder neu ins hier und jetzt gesagt wird.

Lektionar, Fürbitten, Kleidung und Sitzplatz

Ein weiteres Thema, das sich hier gut anschließen ließe, sind die Bücher, aus denen in der Liturgie gelesen wird. Welche gibt es, wie soll man mit ihnen umgehen und kann man stattdessen auch Zettel oder Smartphones verwenden? Ich werde darauf in Kapitel 10 eingehen und ausgehend vom *Evangeliar* den Umgang mit liturgischen Büchern in einem größeren Zusammenhang darzustellen versuchen.

Ebenfalls in Kapitel 10 findet sich ein anderes liturgisches Element, das manche vielleicht schon hier erwarten würden, nämlich die *Fürbitten*.

Auch bei zwei weiteren Fragen, die die Lektoren betreffen, bitte ich um etwas Geduld: Liturgische Kleidung und die Sitzplätze, die die Rollenträger in der Liturgie einnehmen sollen, kommen in Kapitel 15 zur Sprache.

5 Atmen, Vorsingen, Mitsingen – die Kantorin/der Kantor

Im Gegensatz zu Lektorinnen und Lektoren (Kapitel 4) fristen Kantorinnen und Kantoren in der katholischen Kirche ein Schattendasein – und das völlig gegen die Absichten des Konzils und der Liturgiereform, die den Kantorendienst zu den wichtigsten liturgischen Rollen zählen.

Öffentlich singen

Während fast alle Menschen beruflich und privat viel sprechen, ist das mit dem Singen schon anders. Wenn man es nicht von klein auf gelernt hat, muss man erhebliche Hemmungen und Ängste überwinden, um öffentlich vor anderen zu singen. Die Erfahrung der eigenen Singstimme ist ungewohnt, sie ist auch eine Art der Selbstentblößung vor anderen. Sich trauen, öffentlich zu singen, dann aber Fehler machen und für falsch gesungene Töne auch noch verspottet werden: Das kann traumatisch sein. Chorsänger können es bestätigen: *Gemeinsam mit anderen* zu singen ist etwas völlig anderes als *alleine vor anderen* zu singen. Insofern ist es nur verständlich, dass es vielerorts schwer ist, Freiwillige für den Kantorendienst zu finden.

Die Kantorenrolle lässt sich nicht auf eine einfache Formel bringen. Es handelt sich genau genommen um eine Bündelung verschiedener Rollen im Verhältnis zur Versammlung. Daher kann der Einsatz unterschiedlicher Kantoren für die einzelnen Teile der Liturgie sinnvoll sein, allerdings wird man nur selten den Luxus haben, auf mehrere Kantoren zurückgreifen zu können.

Antwortpsalm

Zum Kantorendienst gehört der Vortrag des Antwortpsalms in der Eucharistiefeier und der Wort-Gottes-Feier. In dieser Hinsicht ist der Kantor ein *singender Lektor*: Der Antwortpsalm ist eine biblische Lesung, nur wird diese Lesung in etwas anderer Form vorgetragen als andere Lesungen, nämlich mit einem *Antwortruf (responsum)* der Gemeinde – daher auch der Name *Antwortpsalm (psalmus responsorius)*. Den Antwortruf, im Deutschen meist *Kehrvers* genannt, fügt die Versammlung mehrfach in den Vortrag ein. Der Text wird dadurch in mehrere Sinneinheiten untergliedert. Der Antwortpsalm ist sozusagen eine *Lesung zum Mitsingen*: Der Text wird nicht nur angehört, sondern von der Versammlung leiblich mitvollzogen. Diese Art des Mitmach-Vortrags gehört zu den ältesten Kulturtechniken des Christentums, auch wenn die dabei verwendeten Melodien sich natürlich permanent weiterentwickeln und sich je nach Sprachgebiet und je nach einzelner Komposition erheblich unterscheiden können.

Durch die gesungene Form kann der Raum akustisch besser gefüllt werden (siehe Kapitel 4 über das Kantillieren). Es kommt bei den Psalmen aber noch mehr hinzu, das für das Singen spricht.

Die meisten Psalmen haben keinen erzählerischen Charakter, sondern sind Lob, Klage, Dank, Freude, Trauer oder Bitte. Sie sind Poesie – das griechische Wort *psalmos* bedeutet nichts anderes als *Lied*. Besonders auffällig ist in den Psalmen das Stilmittel des *parallelismus membrorum (Parallelität der Glieder)*: In einer Zeile wird etwas gesagt, und in der nächsten Zeile wird dasselbe noch einmal mit anderen Worten ausgedrückt. Oder die zweite Zeile setzt den Gedanken der ersten Zeile fort, zieht daraus Schlussfolgerungen oder übersteigert die Aussage der ersten Zeile. Zum Beispiel:

> Mein Gott, ich rufe bei Tag, doch du gibst keine Antwort;
> und bei Nacht, doch ich finde keine Ruhe. (Ps 22,3)
>
> Ich will den HERRN loben in meinem Leben,
> meinem Gott singen und spielen, solange ich da bin. (Ps 146,2)
>
> Bei dir, o HERR, habe ich mich geborgen,
> lass mich nicht zuschanden werden in Ewigkeit! (Ps 71,1)

Im ersten Beispiel stehen *Tag* und *Nacht* sinnbildlich für *jederzeit*. Im zweiten Beispiel sind *loben*, *singen* und *spielen* drei Teilaspekte ein und derselben Sache. Im dritten Beispiel folgt aus der Erfahrung der Vergangenheit eine Hoffnung und Bitte für die Zukunft.

Psalmen bringen menschliche Erfahrungen in all ihren Höhen und Tiefen, in all ihrer Emotionalität zum Ausdruck. Das aber kann in Form von Gesang viel nachdrücklicher miterlebt werden als durch Lesen und Sprechen. Singen verbindet Verstand und Gefühl, versetzt den ganzen Körper in Schwingung, greift den natürlichen Atemrhythmus auf, aktiviert beide Gehirnhälften und lässt Gemeinschaft unter Menschen entstehen.

Christliche Liturgie hat immer solchen ganzheitlichen Charakter, aber beim Vortrag poetischer Texte wird dies besonders erfahrbar. Deswegen ist der Kantorendienst für den sachgerechten Vortrag des Antwortpsalms unverzichtbar. Alles andere – konkret das Vorlesen des Psalms – mag als Notlösung akzeptabel sein, darf aber nicht zum Normalfall werden.

Auch die Dialogform zwischen Kantor und Versammlung, wie sie sich durch den Antwortruf ergibt, ist wichtig. Eine Kantorin nimmt die Versammlung in den Text mit hinein: Sie lässt ihre Stimme klingen und ermöglicht es der Versammlung, selber mit einzustimmen. Insofern ist die Kantorin nicht nur *singende Lektorin*, sondern auch *Anleiterin* der Versammlung. Damit die Versammlung ihre Rolle ausfüllen kann, sollten Antwortrufe leicht zu erlernen, aber zugleich prägnant und ausdrucksstark sein – eine nicht zu unterschätzende Herausforderung für die Komposition von Kirchenmusik! Einen Antwortruf sollte man nach dem ersten, spätestens nach dem zweiten Hören wiederholen und mit der eigenen Stimme aufnehmen können.

Antwortpsalm weglassen

Obwohl das Konzil ausdrücklich den Schatz biblischer Lesungen in der Liturgie vergrößern wollte (SC 51) und obwohl der Kantorendienst vom Konzil und allen nachkonziliaren Bestimmungen als fester Bestandteil der liturgischen Versammlung angesehen wird, erlebt man in der Praxis das komplette Gegenteil. Nicht nur fehlen Kantoren, sondern die Psalmen werden ersatzlos gestrichen beziehungsweise durch Lieder oder Instrumentalspiel ersetzt. Dies gehört zu den größten Defiziten, die die heutige katholische Liturgie im Vergleich zu dem aufweist, was das Konzil wollte und was ihrem Potenzial entspricht. So wie Lektoren sich in ihren Gemeinden für den Stellenwert der Bibel in der Liturgie einsetzen sollten (Kapitel 4), sollten Kantorengruppen als Anwälte der Psalmen auftreten und sich gegen Versuche wehren, diese biblischen Texte aus der Liturgie zu eliminieren. Das hätte übrigens auch Auswirkungen auf die Ökumene und das jüdisch-christliche Verhältnis, denn Psalmen bilden in allen jüdischen und christlichen Traditionen eine zentrale Quelle der liturgischen Spiritualität. Nur der deutschsprachige Katholizismus schert hier erheblich aus.

Dialog mit der Versammlung

Nicht nur beim Antwortpsalm, sondern auch bei anderen Teilen der Liturgie tritt eine Kantorin in einen rituellen Dialog mit der Versammlung. Dafür als Beispiel das *Kyrie eleision (Herr, erbarme dich):*

Die Rufe *Herr, erbarme dich*, *Christus, erbarme dich* und wieder *Herr, erbarme dich*, die vorgesungen und von der Versammlung wiederholt werden, bilden eine huldigend-bittende Anrufung Jesu Christi. Es geht dabei nicht nur um die wörtliche Bedeutung des Textes – man kann vortrefflich darüber streiten, ob *Kyrie eleison* in erster Linie als Bitte oder eher als öffentliches Bekenntnis zu verstehen ist –, sondern auch um einen ästhetischen Effekt. Die Wiederholung dieses einfachen Textes, das mehrfache Hin und Her zwischen der Kantorin und der Versammlung hat einen meditativen, vertiefenden Charakter und stiftet leiblich erfahrbare Gemeinschaft. Das Kyrie steht nicht zufällig ganz am Beginn von Eucharistiefeier und Wort-Gottes-Feier.

Ohne die Kantorenrolle bleibt nur ein kurzer gesprochener Text übrig, und umso häufiger wird dann von der Option Gebrauch gemacht, Zwischentexte einzufügen. Wo das geschieht, wird es meistens belehrend oder informativ und sagt mehr über die persönliche Befindlichkeit des Sprechenden aus als über die Kirche und ihr Verhältnis zu Christus. Zugegebenermaßen hat es solche Zwischentexte schon im Mittelalter gegeben, aber die wurden dann gesungen, richteten sich als direkte Anreden an Christus und wurden über Generationen weitergegeben. Wie so etwas heute gelingen kann, zeigen im katholischen Gesangbuch *Gotteslob* zum Beispiel die Nummern 160 und 163.

Tagzeitenliturgie

Noch essenzieller als in der Eucharistiefeier ist der Kantorendienst in der Tagzeitenliturgie. Die geringe Zahl an Kantoren in unseren Breiten dürfte zu den Gründen gehören, warum sich entgegen dem Anliegen des Konzils (SC 83–85, 99–100) die Tagzeitenliturgie in katholischen Gemeinden kaum verbreitet hat. Tagzeitenliturgie besteht zu einem großen Teil aus Psalmen und psalmähnlichen biblischen Texten *(Cantica)*, so dass der Verzicht auf kompetent angeleiteten Gesang dramatische Folgen für die Ritualqualität und für das subjektive Empfinden der Versammelten hat.

Die meisten Psalmen und Cantica der Tagzeitenliturgie sind für den *antiphonalen (wechselchörigen)* Gesang eingerichtet, bei dem die einzelnen Verse abwechselnd von zwei Gruppen (z. B. Kantorin – Versammlung, linke Seite – rechte Seite oder Frauen – Männer) gesungen werden. Die Erfahrung des natürlichen Atemrhythmus, in den sich das gemeinschaftliche Betrachten biblischer Texte einfügt, kann hier besonders intensiv werden. Wenn aber diese Singtechnik wenig vertraut ist oder nicht sachgerecht angeleitet wird, wird sie körperlich anstrengend, ermüdend, frustrierend oder schlichtweg langweilig. Ein wesentlicher Baustein für die Wiederentdeckung der Tagzeitenliturgie als Gemeindegottesdienst, so wie es das Konzil erreichen wollte, wären daher gut ausgebildete und engagierte Kantoren.

Stimmführer der Versammlung

Eine weitere Fähigkeit guter Kantoren besteht darin, den Gemeindegesang anleiten zu können, also sozusagen *Stimmführer* der Versammlung zu sein, an denen sich die anderen orientieren können, wenn sie weniger Erfahrung oder Mut beim Singen haben. In der Regel liegt die Hauptaufgabe für die Anleitung des Gesangs zwar beim Organisten (Kapitel 7), aber auch mit Orgelbegleitung braucht manches unbekannte oder schwierige Lied jemanden, auf dessen gesangliche Stabilität man sich verlassen oder zu dem man gelegentlich einen Blick hinüberwerfen kann, um Rhythmus und Melodie von den Lippen und den Körperbewegungen abzulesen. Eine Kantorin darf sich also nicht verstecken, wenn sie gemeinsam mit der Versammlung singt. Sie muss sichtbar sein, die Gemeindelieder kennen und mitsingen – nicht um die anderen zu dominieren und zu übertönen, sondern um der Versammlung Sicherheit zu vermitteln. Das bedeutet nicht, dass die Kantorin jedes Lied lautstark ins Mikrofon singt, auch wenn man das oft erlebt: Es führt eher zur Entmündigung der Gemeinde, die sich dann langfristig selber nichts zutraut und auch keine Verantwortung für den Gesang übernimmt. Wichtig ist also nicht *Dominanz*, sondern körperliche und stimmliche *Präsenz* inmitten der Versammlung.

Ganz besonders fatal sind jene Liturgievorsteher (Kapitel 9), die grundsätzlich alles lautstark in ihr Mikrofon mitsingen, weil sie meinen, die Versammlung könne ohne sie nicht existieren. Um es mit dem Konzil zu sagen: Jeder tue nur das, was ihm aufgrund seiner Rolle zukommt (SC 28). Was das gemeinsame Singen angeht, ist der Kantor sozusagen *primus inter pares* („erster unter gleichen"), der Liturgievorsteher hingegen ist ein Teil der Versammlung wie alle anderen auch.

Responsoriale Alternativen zu Strophenliedern

Auch wenn im deutschsprachigen Katholizismus Strophenlieder weit verbreitet sind: Es gibt immer Optionen zur *responsorialen* Gestaltung (also *mit Kehrvers*), ähnlich wie beim Antwortpsalm. Diese Praxis stammt aus dem frühen Christentum und wurde nach dem Konzil für die lateinischsprachige Liturgie unter Rückgriff auf Zeugnisse des Gregorianischen Chorals aus dem 11. Jahrhundert neu erarbeitet. In deutscher Sprache hat sich das trotz einiger interessanter Versuche bislang nicht durchgesetzt. Stattdessen werden Strophenlieder bevorzugt, bei denen alles von allen gemeinsam gesungen wird. Dagegen wird man beispielsweise im französischsprachigen Bereich viel häufiger Wechselgesänge zwischen Kantor und Gemeinde erleben. Bei diesen Gesängen werden biblische Texte bevorzugt, und hier wiederum besonders die Psalmen.

Mir persönlich scheinen responsoriale Singweisen sehr attraktiv. Strophenlieder werden schnell anstrengend und ermüdend, außerdem stellen sie eine intellektuelle Herausforderung dar, der sich viele gar nicht bewusst sind, weil sie viele Lieder auswendig kennen: Texte müssen gelesen werden (mit schlechten Augen, bei schlechter Beleuchtung oder wenn man fremdsprachiger Herkunft ist, kann das schon eine erhebliche Belastung sein) und dann auch noch Silbe für Silbe einer vorgegebenen Melodie zugeordnet werden (was bei unbekannten Melodien ebenfalls schnell mühsam wird). Das responsoriale Singen hingegen verlangt nur eine einzige Person mit besonderen Kompetenzen, während alle anderen sich durch einfaches Hören und Nachsingen ohne besondere Vorbereitung und ohne besondere sprachliche und intellektuelle Fähigkeiten in den Gesang „hineinbegeben“, ja sogar „fallen lassen“ können. Das verlangt natürlich geeignete Kompositionen von Kehrversen (es gibt sie, aber sie sind wenig bekannt) und qualifizierte Kantoren (an denen bekanntlich erheblicher Mangel besteht).

Kompetenzen für den Kantorendienst

Welche Kompetenzen benötigt man für sachgerecht ausgeführten Kantorendienst? Das offensichtlichste ist eine treffsichere und einigermaßen ausgebildete Stimme. Wohlgemerkt: Es muss kein Heldentenor und keine Primadonna sein, im Gegenteil: Sänger, die zu „bühnenhaft“ daherkommen, lenken die Aufmerksamkeit zu sehr auf sich selbst anstatt transparent zu werden für das, was sie tun. Geübte Chorsänger mit einer sicheren, aber unaufdringlichen Stimme sind für den Kantorendienst am besten geeignet.

Ohne gute Vorbereitung ist der Kantorendienst nicht zu machen. Mit den anderen Liturgieverantwortlichen muss im Vorfeld geklärt sein, welche Gesänge vorgesehen sind, und es muss Zeit sein, diese Gesänge zu üben. Das macht der Kantor dann idealerweise gemeinsam mit der Organistin (siehe Kapitel 7). Man soll die Gesänge so gründlich einüben, dass man dann letztlich weitgehend auswendig singen kann (oder besser „inwendig“, also aus der gewonnenen Vertrautheit heraus) und Notenblätter oder Bücher nur noch als Erinnerungsstütze dienen. Zugleich baut man sich durch intensive Probenarbeit langfristig ein eigenes Repertoire auf, auf das man dann später leicht zurückgreifen kann.

Kantoren können viel voneinander lernen, indem sie Körperhaltung, Gesangstempo, Aussprache und Textakzentuierungen der anderen beobachten.

Stimmliche Fähigkeiten können ein Leben lang entwickelt und trainiert werden. Eine Gemeinde, der der Kantorendienst wichtig ist, wird auch ein Budget haben, um Gesangsworkshops und Stimmbildungskurse zu finanzieren. Von solchen Fortbildungen können auch Lektoren (Kapitel 4) profitieren, da man beim Singen lauter Fähigkeiten erlernt, die man auch fürs Sprechen einsetzen kann.

Eine gut ausgebildete Kantorin benötigt nur in großen Kirchenräumen ein Mikrofon. Manche Mikrofonanlage kann für das Potenzial der Singstimme sogar hinderlich sein.

Der Antwortpsalm wird vom Ambo gesungen, für alle andere Gesänge kann sich die Kantorin einen anderen Ort im Kirchenraum suchen, von dem sie gut gesehen, aber vor allem gut gehört wird. Ein Mikrofon muss dort nur stehen, wenn es wegen der Raumgröße und Akustik wirklich unverzichtbar ist.

Der entscheidende erste Schritt für alle Kantoren ist es, über den eigenen Schatten zu springen und sich diese Rolle zuzutrauen. Wie schon gesagt: Schlechte Erfahrungen können verletzend und erniedrigend sein, und der Kantorendienst ist mit einer völlig anderen Dimension von Körperlichkeit verbunden als der Lektorendienst. Hier sind alle Gemeindeverantwortlichen gefragt, Talente zu entdecken, zu ermutigen und zu fördern.

In der Liturgie muss eine Kantorin der gesamten Versammlung stimmliche Stabilität geben. Dazu braucht sie Selbstsicherheit, sie darf sich nicht scheuen, die Versammelten im Gesang anzuleiten, dafür genügt oft eine passende Körperhaltung und minimale Gestik und Mimik. Kantoren bewegen sich dabei immer auf einem schmalen Grat zwischen „zu viel/zu aufdringlich“ und „zu wenig/zu schüchtern“. Das richtige Maß zu finden verlangt viel Erfahrung und eine stetige Neujustierung der eigenen Wahrnehmung.

Wo Kantorinnen und Kantoren etabliert sind, leisten sie einen wesentlichen Beitrag dazu, dass letztlich *alle* Versammelten ihre liturgische Rolle kompetent ausfüllen können.

6 Kantor, Schola, Gemeindeersatz – der Chor

Noch immer haben viele katholische Gemeinden einen eigenen Kirchenchor. Neben den Chören für Erwachsene erfreuen sich auch Kinder- und Jugendchöre großer Beliebtheit. Manchmal werden aber auch fremde Chöre zur Gestaltung eines Gottesdienstes eingeladen. Sie müssen sich dann erst mit den örtlichen Gewohnheiten oder überhaupt mit katholischer Liturgie vertraut machen.

Welche liturgische Rolle hat ein solcher Chor? Dafür gibt es zwei Optionen, die beide bereits vorgestellt wurden, daher kann dieses Kapitel etwas kürzer ausfallen.

Schola: Chor in der Kantorenrolle

Ein Chor kann an die Stelle des Kantors treten. Das ist in der Praxis eher selten der Fall, weil das übliche Chorrepertoire nicht für die Dialogform im Wechsel mit den übrigen Versammelten geeignet ist. Wenn man diese Konstellation aber doch einmal erlebt, dann handelt es sich fast immer um einen wenige Personen umfassenden Chor, und um Kompositionen, die von vornherein für das Wechselspiel mit der Versammlung eingerichtet sind. In diesem Fall spricht man in der Fachsprache nicht von einem Chor, sondern von einer *Schola*. (Puristen sprechen dieses lateinische Wort, das aus der frühmittelalterlichen Papstliturgie stammt, wie *skola* aus, meist hört man aber ein *sch* wie in *Schule*.) Scholakompositionen stammen in der Regel entweder aus dem frühen Mittelalter, als diese Rollenaufteilung noch verbreiteter war, oder aus der Zeit nach dem Konzil.

Für Scholagesang gilt also dasselbe wie für den Kantorendienst (Kapitel 4). Scholarepertoire ist oft – aber heute nicht mehr ausschließlich – einstimmig. Manchmal werden einzelne Teile noch einmal unter den Scholasängern aufgeteilt. So entsteht neben dem Wechselspiel aus Schola und Versammlung auch ein Wechselspiel zwischen Solist und Schola oder zwischen zwei Scholahälften. Es kann auch vorkommen, dass sich die Schola in einen solchen „inneren Dialog“ begibt, der vom Komponisten eigentlich als Wechselgesang zwischen Schola und Versammlung gedacht war. So etwas macht man, wenn der Gesang für eine unvorbereitete Gemeinde zu schwierig wäre, sei es wegen der Melodie oder weil man beispielsweise eine lateinischsprachige Komposition aus dem Mittelalter singt.

Laut Zweitem Vatikanischen Konzil sollte jede Gemeinde eine Schola haben (SC 114). Im deutschen Sprachgebiet ist das allerdings sehr selten der Fall, noch seltener als der (Solo-)Kantorendienst. Immerhin gelingt es derzeit einigen motivierten – oft sehr jungen – hauptamtlichen Kirchenmusikern, aus ihren traditionsreichen großen Kirchenchören kleinere Personengruppen für die Bildung von Scholen zu gewinnen, die dann ein eigenes Repertoire erarbeiten und regelmäßig „kollektiven Kantorendienst“ in der Liturgie übernehmen.

Chor als Repräsentant der Versammlung

Die zweite Einsatzmöglichkeit für den Chor besteht darin – auch wenn das vielleicht etwas merkwürdig klingt –, die gesamte Versammlung zu repräsentieren. Traditionelles katholisches Chorrepertoire umfasst nämlich genau jene Teile, die der Sache nach eigentlich der ganzen Versammlung zukommen, etwa das *Credo* (Glaubensbekenntnis) oder das *Sanctus (Heilig, heilig, heilig)*. Diese Rollenaufteilung war schon im 1. Jahrtausend weit verbreitet und hat sich bis ins 20. Jahrhundert erhalten. Der Einfluss auf die Entwicklung der Kirchenmusik war entsprechend groß.

Der Chor kann auch in eine Mischrolle zwischen Kantor und Versammlung geraten, zum Beispiel beim schon erwähnten *Kyrie*. Wenn der Chor mehrfach *Kyrie eleison*, dann mehrfach *Christe eleison* usw. singt, geht der gesamte Dialog, der ursprünglich zwischen Schola und Versammlung aufgeteilt wurde, auf den Chor über.

Solches traditionsreiche Chorrepertoire ist liturgisch nicht unproblematisch, da es die Versammlung zum „Konzertpublikum“ macht. Einerseits könnte man sagen: Es ist doch nicht schlimm, wenn bestimmte Elemente gelegentlich in eindrucksvoller Art vom Chor gesungen werden, der die gesamte Versammlung repräsentiert. Das ist ein nachvollziehbarer Gedanke, und in den von mir hier gelegentlich als Vergleichsgröße herangezogenen Ostkirchen ist das ebenfalls weit verbreitet (dort hat man insgesamt eine andere Vorstellung von *actuosa participatio*, siehe Kapitel 2). Liturgie war und ist auch ein Ort anspruchsvoller Kulturtraditionen. Nur so kann sie weit über den Kirchenraum hinaus Wirkung entfalten. Gerade die reiche Tradition der Kirchenmusik ist eine der wichtigsten ästhetischen Ressourcen des Katholizismus. Insofern ist diese Sichtweise legitim. Problematisch wird es allerdings, wenn der Chorgesang langfristig die Mentalität von Bühne und Zuschauerraum (Kapitel 2) verstärkt und zementiert.

Aber wann tritt diese Wirkung ein? Die Antwort auf diese Frage hängt auch damit zusammen, an welcher Stelle im Kirchenraum sich der Chor befindet. In alten Kirchengebäuden singen die Chöre meistens von Emporen, die sich im Rücken der Versammlung befinden. Das ist gut begründet, denn diese Emporen wurden als akustisch geeignete Plätze für den Gesang architektonisch geplant und eingerichtet.

Ein Chor, der von einer Empore singt, ist aber kein sichtbarer Teil der Versammlung. Und die Versammlung spürt das: Reflexartig setzen sich die meisten Katholiken bei jedem Chorgesang hin. Nichts deutet darauf hin, dass hier etwas *im Namen der Versammlung* geschieht. Vielmehr entsteht der Eindruck eines Konzertes, sozusagen „aus dem Off".

Auch der Chor spürt diese Distanz zur Versammlung. Man beobachte nur einmal, wie viele Chorsänger sich zwischen ihren Gesängen gar nicht weiter für die Liturgie interessieren. Die Sänger erleben sich nicht als Teil der Versammlung.

Einen sehr ungünstigen Effekt erzielt auch die verbreitete Praxis, den Chor ausschließlich zu hohen Feiertagen singen zu lassen, dann aber mit voluminösem Repertoire. In der Gemeinde entsteht dann der Eindruck: Je mehr es zu feiern gibt, umso weniger sind wir selbst daran beteiligt, und umso mehr werden wir in eine passive Rolle gedrängt.

Optionen für die Weiterentwicklung

Das Konzil war sich dieser Problematik bewusst und hat dazu Stellung bezogen (SC 112–114, 121). Die gewachsene kirchenmusikalische Tradition – auch wenn sie aus Zeiten stammt, deren Liturgieverständnis vom heutigen abweicht – ist ein so großer Schatz und von so großem kulturellem und spirituellem Wert, dass sie weiterhin gepflegt werden soll. Die Kirchenmusik soll aber zugleich sinnvoll weiterentwickelt und ergänzt werden. Bei der Beschreibung liturgischer Gesänge nennt das Messbuch immer Schola und Kantor an erster Stelle, alles andere – auch der ohne Gemeindebeteiligung singende Chor – folgt erst danach.

Für die Liturgiegestaltung ergibt sich daraus eine Gratwanderung zwischen der gewachsenen Musiktradition, Möglichkeiten der Weiterentwicklung (zum Beispiel durch die Etablierung von Scholen mit passendem Repertoire) und dem heutigen Anspruch an eine Versammlung, sich als Trägerin der Liturgie und nicht als Konzertpublikum zu erfahren.

Kirchenchöre sollen also weder Mozart noch Bruckner aus ihrem Repertoire nehmen, aber sie sollen sich zusätzliches, neues Repertoire erarbeiten, das auch responsoriales Singen im Wechsel mit den übrigen Versammelten integriert. Ein Chor sollte nicht ausschließlich an hohen Feiertagen singen. Immer, wenn der Chor eine Liturgie mitgestaltet, sollten der Versammlung einige Gesangsteile bleiben. Auf keinen Fall darf sich der Eindruck verfestigen, es sei nur dann „richtig feierlich", wenn die Gemeinde schweigt und der Chor den gesamten liturgischen Gesang gestaltet. Die Gewohnheit, dass sich die Versammlung bei allen Chorpartien reflexartig hinsetzt, sollte durchbrochen werden. Es ist bezeichnend, wenn man liest, ein Chor habe einen Gottesdienst „umrahmt" – als wäre der Gesang nicht selbst Liturgie, sondern nur Zuckerguss über dem eigentlichen Ritual.

Wann immer es räumlich möglich und akustisch sinnvoll ist, sollte der Chor nicht auf einer Empore, sondern im Kirchenraum positioniert sein, damit er sich als Teil der Versammlung erlebt und auch von den anderen so erlebt wird. Emporen mit herausragender Akustik können immer noch bei Konzerten eindrucksvoll zur Geltung kommen.

Wenn man sich in diesem Rahmen bewegt, haben berühmte Werke der Musikgeschichte und die über Generationen erarbeiteten Repertoires katholischer Kirchenchöre auch weiterhin einen sinnvollen Platz in der Liturgie. Zukünftige Weiterentwicklungen werden aber den Schwerpunkt darauf legen, die Rollenaufteilung zwischen Kantor/Schola und Gemeinde zu stärken und dafür passende Kompositionen zu erarbeiten.

7 Orgel, Violine, E-Gitarre – Instrumentalistinnen und Instrumentalisten

Psalm 150 listet eine Reihe von Musikinstrumenten auf und bezeugt deren Bekanntheit und Wertschätzung im alttestamentlichen Israel. Was für Instrumente das genau waren und wie sie geklungen haben, ist nicht eindeutig zu klären. Jede Übersetzung *(Zimbel, Leier)* bleibt ungenau und unsicher. Jedenfalls zeigt der Psalm, dass Musikbegleitung und Tanz im Zusammenhang religiöser Handlungen bekannt gewesen sind. Das Christentum ist allerdings lange Zeit gegenüber Musikinstrumenten sehr zurückhaltend geblieben, und dafür gibt es durchaus gewichtige Gründe.

Musikinstrumente im christlichen Gottesdienst

Als das frühe Christentum unter heftigen Verfolgungswellen litt, ließ mancher Herrscher Christen öffentlich hinrichten. Ähnlich wie bei Gladiatorenspielen geschah das als Unterhaltungsprogramm vor großen Menschenmassen, auch unter Musikbegleitung. Diese Erfahrung prägte die Erinnerung christlicher Gemeinden. Wenn Musik eingesetzt wurde, um Volksmassen für Hinrichtungen zu begeistern, dann erschienen Instrumente im Gottesdienst unpassend und respektlos. (Dasselbe galt für Tänze, die dazu dienen konnten, eine Art kollektiven Gefühlsrausch zu erzeugen.)

Zur Skepsis gegenüber Instrumentalmusik trug auch das Verständnis des *Wortes* für das Christentum bei. Gottesbegegnung geschieht in der Liturgie vorrangig durch das Wort: Lesen und Hören der Bibel, Predigten, Gebete und so weiter. Das Neue Testament nennt Jesus selbst das *Wort Gottes* (besonders in Joh 1). Natürlich haben liturgische Rituale auch eine leibliche Dimension, und Jesus ist nicht nur Wort Gottes, sondern auch *menschgewordenes* Wort Gottes. Zudem ist auch jedes Wort leiblich verfasst, denn es erreicht den Menschen über seinen Körper: die Ohren, die das Wort hören, oder die Augen, die es lesen.

Viele christliche Vordenker mahnten aber, die *Form* dürfe nicht wichtiger sein als der *Inhalt*: Gefahr ist also im Verzug, wenn eine Versammlung mehr auf schöne Klänge als auf die vorgetragenen Worte achtet.

In vielen Ostkirchen ist es bis heute so geblieben: Liturgie wird grundsätzlich ohne Musikinstrumente gefeiert. Es liegt auf der Hand, dass dann dem Kantor (bzw. der Schola oder dem Chor) eine ganz entscheidende Rolle zukommt.

Westeuropa hat einen anderen Weg eingeschlagen, aber erst vergleichsweise spät. Durch ein Geschenk – kurioserweise aus dem Osten, nämlich aus Byzanz – verbreitete sich im Karolingerreich ab dem 8. Jahrhundert die Orgel, zunächst durch Wasser angetrieben. Nach und nach entwickelte sich die Kunst des Orgelbaus weiter – das Wasser wurde durch Druckluft und mittlerweile durch elektrischen Strom abgelöst. Die Orgel fand auch in der Liturgie Verwendung, wurde fester Bestand der Kirchenarchitektur und schließlich zum liturgischen Musikinstrument schlechthin. Ohne die „Königin der Instrumente" wäre westeuropäische Musikgeschichte gar nicht denkbar.

Bis weit ins 20. Jahrhundert gab es eine damit verbundene, ziemlich elitäre Ideologie in den kirchlichen Bestimmungen: Die Orgel war in der Liturgie immer erlaubt. Andere Instrumente waren ebenfalls erlaubt, wenn sie im Rahmen eines größeren Ensembles oder Orchesters verwendet wurden. Streng verboten waren allerdings Rhythmusinstrumente (Schlagzeug, Rasseln, Zimbeln), sofern sie nicht Teil eines Orchesters waren. Ebenso war elektronisch verstärkte Musik (Keyboard, E-Gitarre) untersagt.

Schon vor dem Konzil wurden diese Bestimmungen etwas gelockert, nach dem Konzil wurden alle Klassifizierungen von erlaubten und verbotenen Instrumenten aufgehoben. Mittlerweile ist jedes Instrument erlaubt. Jede wertende Unterscheidung zwischen vermeintlicher Hochkultur und „primitivem" Pop, Jazz und Rock ist obsolet. Solche Unterscheidungen waren nie in der Sache selbst begründet, sie ergaben sich allenfalls durch einen gewissen kulturellen europäischen Kolonialismus. Allerdings wird man auch heute noch Katholiken begegnen, die von vornherein die Nase rümpfen, sobald in einer Kirche Saxophon, Schlagzeug oder E-Piano in Betrieb genommen werden. Und nach wie vor ist die wichtigste Kompetenz, die von fest angestellten Kirchenmusikern erwartet wird, das Orgelspiel.

Instrumentalspiel zur Begleitung und Unterstützung des Gesangs

Nach diesem historischen Überblick nun zur liturgischen Rolle der Instrumentalmusik.

Die offensichtlichste Funktion des Instrumentalspiels ist die Anleitung und Unterstützung des Kantoren-, Schola- und Gemeindegesangs. In der kirchenmusikalischen Ausbildung wird das als *liturgisches Orgelspiel* unterrichtet (anwendbar natürlich auch auf andere Instrumente). Es nimmt leider nicht immer den Stellenwert ein, den es verdient. Die Begleitung von Kantoren- und Gemeindegesang ist eine äußerst anspruchsvolle Kunstfertigkeit, die immer erst dann auffällt, wenn sie fehlt. Nicht alle Organisten in katholischen Liturgien sind dafür ausreichend ausgebildet. Natürlich ist man froh, dass man überhaupt Organisten hat, aber ein ungeeignetes Instrumentalspiel kann eine Versammlung irritieren, frustrieren und ihr im wahrsten Sinne des Wortes den Atem rauben. Eine lebendige Beziehung zu den gesungenen Worten kann so nicht entstehen.

Auf der anderen Seite gibt es hochqualifizierte Kirchenmusiker, deren Kompetenz nicht erkannt und nicht wertgeschätzt wird. Die Gemeindeverantwortlichen – Presbyter, Wort-Gottes-Feier-Leiterinnen, Pfarrgemeinderatsmitglieder – betrachten sie leider oft nur als Befehlsempfänger, deren Meinung und Erfahrung nicht herangezogen wird (siehe dazu auch Kapitel 15).

Instrumentalmusik als eigenständige Größe

Nun zu jener Rolle, der das frühe Christentum skeptisch gegenüberstand. Instrumentalmusik schafft auf einzigartige Weise eine Atmosphäre, die das Erleben der Versammlung wesentlich prägt: ein sinnliches und emotionales Grundgefühl, das die Menschen in eine Stimmung und innere Haltung versetzt, die es sonst kaum irgendwo gibt.

In dieser Rolle befindet sich die Musik besonders dann, wenn die Worte schweigen. Oft gehen die Begleitung von Gesang und das unabhängige Instrumentalspiel ineinander über: Zum Beginn der Liturgie wird ein Lied gesungen, und wenn das Lied vorbei, aber der Einzug der liturgischen Rollenträger noch nicht beendet ist, spielt die Musik weiter, führt melodische Motive fort und verbindet sich mit dem übrigen

Geschehen zu einem ästhetischen Gesamtzusammenhang. An anderen Stellen der Liturgie wird von vornherein Musik ohne Gesang eingeplant. Solche Musik kann improvisiert sein, es kann sich auch um einstudierte Musikliteratur handeln.

So kann Instrumentalmusik einen Bezug zum verkündeten Wort haben oder mehrere liturgische Handlungen thematisch miteinander verbinden. Da werden Motive eines gesungenen Liedes an anderer Stelle improvisatorisch aufgegriffen, so dass Querverbindungen und wechselseitige Interpretationen entstehen. Das muss gar nicht von allen bewusst wahrgenommen und intellektuell eingeholt werden: Musik berührt und prägt Menschen auf einer viel tieferen Ebene als der des Verstandes – die Musikerin allerdings braucht sehr wohl ihren Verstand und ihr Können, um eine solche Wirkung zu erzielen.

Wenn ein bestimmtes Lied- und Instrumentalrepertoire jedes Jahr zum selben Festtag erklingt, kann es für die Mitfeiernden zur *Signatur* des Festes werden. Vielleicht kehrt diese Signatur dann in entscheidenden Situationen des Lebens ins Bewusstsein und gibt existenziellen Halt. Kirchenmusik wird zur Verstärkerin der Liturgie und wird selbst zur Verkündigung der christlichen Botschaft.

Leider sah sich die katholische Kirche in den Sparzwängen der letzten Jahre gezwungen, etliche Arbeitsplätze für Kirchenmusiker abzuschaffen. Die negativen Folgen, die das für die kulturellen Kompetenzen der nächsten Generationen katholischer Gemeinden haben wird, werden erst mit Verzögerung sichtbar werden, und dann wird es schwer sein, diese Entwicklung wieder umzukehren.

Instrumentalmusik und Kantorendienst

Instrumentalmusik birgt eine gewisse Gefahr im Hinblick auf die Kantorenrolle (Kapitel 5). Solange man noch Menschen findet, die sich mit Orgel, Keyboard oder Querflöte in die Liturgie einbringen, scheint der Kantorendienst überflüssiger Luxus zu sein: Man muss nicht selber singen, sondern kann Musik spielen lassen. Diese Einstellung geht allerdings auf Kosten des Wortes und auf Kosten der *actuosa participatio*.

Liturgietheologisch wäre eine umgekehrte Prioritätenliste sinnvoller. Das erste Interesse müsste darin liegen, kompetent ausgeführten

Kantorendienst sicherzustellen. Als zweites kann man fragen, ob sich dazu auch Instrumentalmusik organisieren lässt. – Wie wäre es eigentlich, wenn eine Kirchenmusikerin sich entscheiden würde, den kurzfristig erkrankten Kantor zu vertreten und stattdessen auf das Orgelspiel zu verzichten?

Daran knüpft noch ein Detail an: Es gibt höchst emotional geführte Diskussionen darüber, ob denn eine Organistin von ihrem Platz am Orgelspieltisch zugleich den Kantorendienst ausüben soll, wenn sich dafür sonst niemand findet.

Es gibt strikte Gegner dieser Variante: Die Kantorin soll den Psalm vom Ambo aus singen, sie verkündigt das Wort Gottes, also muss sie dabei auch die Versammelten ansehen und vor ihnen stehen. Auch andere Kantorenteile verlangen Blickkontakt, Gestik und eine physische Beziehung zur Versammlung, die man kaum haben kann, wenn man an der Orgel sitzt (ganz gleich, wo sich der Orgelspieltisch genau befindet). Kantorendienst von der Orgel aus zu übernehmen, ist demnach ungefähr so absurd, als würde man mit einem Mikrofon in den Heizungskeller gehen und dann von dort singen.

Persönlich sehe ich das nicht ganz so eng. Eine vom Orgelspieltisch singende Kantorin ist keine gute Lösung, aber unter den schlechten Lösungen ist es eine der besseren. Sie darf nur nicht zur Regel werden. Sobald sich die Haltung durchsetzt: „Wir brauchen keine Kantoren, wir haben ja unsere Organistin“, läuft etwas falsch.

Für den Versammlungscharakter ist es ideal, wenn sich der Orgelspieltisch sichtbar im Kirchenraum befindet, aber nur wenige Orgeln sind so gebaut. Auch eine Jugendband wird man in der Regel so platzieren, dass sie sich als Teil der Versammlung erfahren und von den anderen auch so erfahren werden kann.

Viele Organisten sind allerdings froh, wenn sie nicht von allen zu sehen sind. Ihr Beruf bringt es mit sich, dass sie in mehreren Liturgien pro Woche, manchmal sogar in mehreren pro Tag im Einsatz sein müssen. Dass man unter diesen Umständen nicht alle Liturgien mit derselben inneren Anteilnahme feiert, sondern oft nur Dienst nach Vorschrift macht und an der Orgel eine Art Privatleben entwickelt, das wenig mit der Liturgie zu tun hat, ist psychologisch nachvollziehbar – umso mehr, wenn die Kirchenmusiker nicht als kompetente Fachleute in die Planung von Liturgien einbezogen, sondern zu reinen Befehlsempfängern degradiert werden.

Hauptamtliche Kirchenmusiker sollten aufgrund ihres Studiums über alle Kompetenzen verfügen, um auch Schulungen für Chorsänger, Kantoren und Lektoren durchführen zu können. Von diesen Fähigkeiten kann es in der Kirche nie genug geben, und die Menschen, die über sie verfügen, sollten ernst genommen und nach Kräften in die Entscheidungsprozesse einer Gemeinde integriert werden.

8 Hirte, Vorsteher, Christusbild – Bischof und Presbyter

Kapitel 3 dieses Buches ist auf den Sinn des Weiheamtes und der Ordination in der katholischen Kirche eingegangen. Nun soll es darum gehen, Bischof und Presbyter und ihre liturgischen Rollen näher in den Blick zu nehmen.

Christusrepräsentanz

Die Ordination verweist auf das *extra nos (außerhalb unserer selbst)* der Kirche (Kapitel 3). Die Wurzel des Christentums liegt außerhalb der einzelnen Versammlung, und zwar sowohl historisch – die heutigen Christen gibt es nur, weil es frühere Christen gab, die ihre Botschaft weitergetragen haben – als auch sachlich – der Glaube beruht auf einer Initiative und einer Botschaft, die nicht von der Versammlung hervorgebracht, sondern ihr geschenkt wurde. Im Zuge des Konzils sind zwei darauf bezogene Formulierungen etabliert worden: Bischof und Presbyter kommt aufgrund ihrer Ordination die *repraesentatio Christi capitis (ecclesiae)* zu, also die *Repräsentation Christi, des Hauptes (der Kirche).* Die andere Formulierung spricht davon, dass Bischof und Presbyter *in persona Christi* handeln, also *in der Person Christi* oder besser ausgedrückt: *in der Rolle Christi.*

Es ist unbedingt festzuhalten: *Repräsentation* bedeutet nicht *Identität*! Wer repräsentiert, unterscheidet sich von dem, den er repräsentiert – auch wenn eine hartnäckige katholische Frömmigkeit das gerne miteinander vermischt. In ähnlicher Weise drückt die Rede von der *persona* nicht etwa *Identität* aus, sondern *Transparenz* oder *Durchlässigkeit* (siehe Kapitel 4 zur Rolle des Lektors im Verhältnis zum Wort Gottes). Das deutsche Wort *Person* lenkt leider die Gedanken leicht in die falsche Richtung.

Wer Christus *repräsentiert* bzw. *in der Rolle Christi handelt*, soll auf Christus *verweisen* und für ihn *durchlässig sein*. In ostkirchlicher Sprache könnte man von einem *Abbild* oder eine *Ikone Christi* sprechen: Verweis und Beziehung, aber keine Gleichheit.

Bischof und Presbyter repräsentieren Christus in einer ganz bestimmten Hinsicht, nämlich insofern Christus das *Haupt der Kirche* ist (Eph 4,15). Der wahre Leiter der Kirche ist immer Christus, er ist das Bindeglied zwischen Gott und den Menschen (1 Tim 2,5).

Diese Präzisierung ist wichtig. Es steht nämlich außer Zweifel, dass Christus auch in völlig anderer Hinsicht *repräsentiert* werden kann: In jedem Menschen, der hungert, leidet, krank und gefangen ist, erkennen Christen Christus selbst (Mt 25,31–46). Eheleute *repräsentieren* die Gemeinschaft zwischen Christus und der Kirche (Eph 5,31–32).

Die Ordination macht Christus nicht zum persönlichen Eigentum der Ordinierten, sondern: Ordinierte sind dazu bestimmt, in der liturgischen Versammlung *Christus als Haupt der Kirche sichtbar zu machen*. Sie sind deswegen weder bessere noch klügere Menschen als die übrigen Getauften. Da sie aber ein öffentliches kirchliches Amt innehaben, stehen sie durchaus unter dem Anspruch einer besonders glaubwürdigen und vorbildlichen Lebensführung. Das ist ein sehr hoher Anspruch, und ich sehe keinen Grund, jemanden darum zu beneiden.

Bischof und Presbyter als Liturgievorsteher

Wie schon in Kapitel 3 gezeigt, hat die katholische Kirche selbst zu Missverständnissen beigetragen. Die Kirche wurde im 2. Jahrtausend zunehmend über die Rolle des *Priesters* definiert – sowohl Bischof als auch Presbyter –, von dem man sagte, er sei mit besonderer göttlicher Vollmacht ausgestattet und könne Dinge tun, von denen die anderen profitieren, ohne selbst aktiv etwas beizutragen. Da man schon als Presbyter *Priester* ist und es viel mehr Presbyter als Bischöfe gibt, ging die Bezeichnung Priester im Deutschen ganz auf den Presbyter über. Der Bischof erschien demgegenüber bloß als ein Priester mit etwas mehr rechtlichen Zuständigkeiten.

Das Konzil hat die Verhältnisse wieder zurechtgerückt (Lumen Gentium 18–29). Das zentrale kirchliche Amt ist das des Bischofs. Presbyter sind Mitarbeiter des Bischofs. Sie werden vom Bischof beauftragt, einen Teil seines Portfolios zu übernehmen. Der Bischof kann aufgrund der Größe des Bistums nicht das sein, was er eigentlich sein sollte, nämlich Abbild des Guten Hirten Christus, der sich um jedes einzelne seiner Schafe sorgt (Lk 15,3–7). Daher greift der Bischof auf seine Presbyter zurück und sendet sie zu kleineren Gruppen – meist einer fest eingerichteten Pfarrgemeinde.

Vor diesem Hintergrund ist die Leitung der Eucharistiefeier als wichtigstem Selbstvollzug der Kirche den Bischöfen und Presbytern vorbehalten. Was Leitung in der Liturgie genau bedeutet, beleuchtet das folgende Kapitel 9. Andere Rollen als die der Leitung sind den Bischöfen und Presbytern in der Liturgie in der Regel verweigert (siehe Kapitel 4: Wer ordiniert ist, ist von der Rolle des Lektors ausgeschlossen).

In anderen Liturgien – zum Beispiel der Wort-Gottes-Feier oder der Tagzeitenliturgie – kann auch eine andere Frau, ein anderer Mann die Leitung, also die Vorsteherrolle übernehmen (Kapitel 9).

Exkurs: Die Leitung der Wort-Gottes-Feier

Im deutschen Sprachraum bezeichnet man die Wort-Gottes-Feier oft als „priesterlosen Gottesdienst": eine sehr unglückliche Umschreibung, weil sie die Liturgie negativ definiert. Das Konzil ging eigentlich davon aus, dass auch Wort-Gottes-Feiern im Regelfall von Ordinierten geleitet werden (SC 35). Erst im letzten Satz der Bestimmungen zur Wort-Gottes-Feier heißt es, dass man diese Feier bei Bedarf auch ohne Ordinierten feiern kann. Wort-Gottes-Feiern sollten *zusätzlich* zur Eucharistiefeier stattfinden, zum Beispiel: Eucharistiefeier am Sonntagvormittag, dazu am Samstagabend als Vorbereitung eine Wort-Gottes-Feier, in der in ganz eigener ritueller Form biblische Texte gelesen, ausgelegt und vertieft werden. Im deutschen Sprachraum wurde daraus: Wenn wir einen Presbyter bei uns haben, feiern wir Eucharistie; wenn wir keinen Presbyter haben, feiern wir am selben Ort und zur selben Zeit die Wort-Gottes-Feier und verwenden dabei dieselben biblischen Texte, die für die Eucharistiefeier vorgesehen sind. So hat sich die Wort-Gottes-Feier als „Eucharistie-Ersatz" verbreitet, als der sie vom Konzil gar nicht gedacht war, jedenfalls nicht vorrangig.

Ordination, Liturgie und Kirchenrecht

In der katholischen Kirche verbreitete sich das Zerrbild, Bischöfe und Presbyter würden über besondere, sozusagen magische Fähigkeiten verfügen, mit denen sie alle anderen in Abhängigkeit bringen können. „Ich kann etwas, was du nicht kannst" bzw. „der kann etwas, was wir nicht können" wurde zum katholischen Charakteristikum – und deswegen wird die Ordination gerne als religiöse Wahnvorstellung belächelt und verspottet, und zwar sowohl außerhalb als auch innerhalb der katholischen Kirche.

Die Herausforderungen, vor denen die katholische Kirche im Hinblick auf ihren Umgang mit dem ordinierten Amt steht, liegen meines Erachtens gar nicht in der Liturgie begründet, sondern werden von außen an die Liturgie herangetragen, einiges war schon in Kapitel 3 genannt:

Das betrifft zunächst die Zugangsvoraussetzungen zur Ordination – Geschlecht, Ausbildungsbestimmungen, in aller Regel die Lebensform der Ehelosigkeit. Vielen Menschen stellt sich das als willkürliche, sachlich unbegründete Monopolisierung dar, die andere geeignete Personen von der Ordination ausschließt. Kirchliche Dokumente betonen einerseits immer wieder, dass die sonntägliche Eucharistiefeier für die Identität der Kirche zentral ist, andererseits können viele Pfarrgemeinden gar nicht mehr jeden Sonntag Eucharistie feiern, weil nicht genügend Presbyter zur Verfügung stehen.

Bei alldem sind auch noch viele außerliturgische Verantwortungsbereiche in der katholischen Kirche an die Ordination gebunden: Der Effekt der Monopolisierung einer kleinen Gruppe und zugleich der Entmutigung aller anderen wird dadurch umso mehr verstärkt.

Wie in Kapitel 3 gezeigt: Der Gedanke, liturgische und außerliturgische Leitung sollten in denselben Händen liegen, ist keineswegs dumm. Er ist ein starkes Symbol für die Einheit von liturgischem und sozialem Handeln und ein Hinweis darauf, dass die Kirche nur ein einziges Haupt hat, nämlich Christus. Diese Idee hat aber an Überzeugungskraft verloren, da sie zu unkontrollierter Machtbündelung bei einer sehr kleinen Personengruppe geführt hat. Diese Tendenz hat übrigens keineswegs von Anfang an zum Katholizismus gehört, sondern sich erst seit dem 19. Jahrhundert voll entfaltet. Selbst wenn die katholische Kirche die ordinierten Ämter für verheiratete Männer und für Frauen öffnen würde, hätte sie immer noch Handlungsbedarf: Strukturen, die unkontrollierte Macht hervorbringen, können auf Dauer nicht gut sein, ganz gleich, ob solche Macht von Männern oder von Frauen, von einzelnen oder von Gruppen ausgeübt wird. Die Symbolik der *Einheit der Kirche* und des *einen Christus als Haupt der Kirche* muss in kirchlichen Entscheidungsstrukturen durch *Vielheit* und *Fülle* (1 Kor 12,4–12) ergänzt werden.

Diese Diskussionen sind aber meines Erachtens nicht *entlang der Liturgie* und schon gar nicht *in der Liturgie* zu führen (siehe Kapitel 1). Werden Erwartungen, Wünsche, Reformforderungen, tiefe Verletzungen und persönliche Frustrationen über die rechtlichen Strukturen der katholischen Kirche in die Liturgie hineingetragen, dann wird die Liturgie für etwas verantwortlich gemacht, für das sie nicht verantwortlich ist. In der Liturgie sind schon jetzt Einheit *und* Vielheit der Kirche abgebildet (Kapitel 9). Liturgie ist (Ver-)Sammlung der Kirche um Christus und darf daher nicht Kampfplatz für persönliche Forderungen werden. Für die Liturgie ist die Frage, *wer* eine bestimmte liturgische Rolle ausübt und wie er an diese Rolle gekommen ist, weit weniger wichtig als die Frage, *wie* die Rolle ausgeübt wird und was daraus für die Versammlung als Ganze folgt.

9 Präsident, Vorsitzender, Zelebrant – die Liturgievorsteherin/der Liturgievorsteher

In Kapitel 8 wurde genau zwischen der *Ordination* des Bischofs/Presbyters und der liturgischen *Rolle des Vorstehers* unterschieden. Für die meisten Katholiken könnte das etwas verwirrend sein: Die Begriffe *Vorsteher, Leiter* oder *Liturgievorsteher* (in der evangelischen Kirche auch gerne *Liturg*) sind in der wissenschaftlichen Fachsprache ganz selbstverständlich, aber in der Gemeindepraxis kaum gebräuchlich. Die Unterscheidung zwischen *Priester* und *Vorsteher* scheint überflüssig, da ohnehin die meisten Liturgien von einem *Presbyter* geleitet werden. Wird einmal eine Liturgie – etwa die Wort-Gottes-Feier – von jemand anderem als einem Presbyter geleitet, zeigt sich die Leitung in anderen sprachlichen Formen, anderer Gestik, womöglich auch einer anderen Anordnung der Versammlung im Kirchenraum. Da leuchtet nicht ein, warum man diese verschiedenen Ausdrucksformen liturgischer Leitung unter dem gemeinsamen Begriff *Vorsteher* zusammenfassen sollte. – Hier sind also einige Klärungen nötig.

Liturgischer Vorsteherdienst

In nahezu jeder katholischen Liturgie – auf jeden Fall aber in denen, um die es in diesem Buch geht: Eucharistiefeier, Tagzeitenliturgie und Wort-Gottes-Feier – gibt es folgende Elemente:

- eine Eröffnungsformel zu Beginn (in Dialogform mit der ganzen Versammlung),
- eine Segensformel zum Abschluss (in Dialogform mit der ganzen Versammlung),
- an Gott gerichtete Gebete in der Wir-Form (mit einer durch das Wort *Amen* ratifizierenden Versammlung, siehe Kapitel 2).

Wer diese Elemente vorträgt, ist *Liturgievorsteher* – so einfach ist das. In der Regel handelt es sich dabei tatsächlich um eine einzige Person. Wenn also Frau Müller die Wort-Gottes-Feier am Sonntag in der Pfarrkirche St. Ursula mit *Unsere Hilfe ist im Namen des Herrn* eröffnet (worauf die Versammlung mit *Der Himmel und Erde erschaffen hat* antwortet), alle Wir-Gebete laut vorträgt (die die Versammlung mit *Amen* bestätigt) und am Ende die Segensformel *Es segne uns der gute Gott, der Vater und der Sohn und der Heilige Geist* spricht (Antwort der Versammlung: *Amen*), dann war Frau Müller die *Vorsteherin der Wort-Gottes-Feier* – ganz egal, wo sie ihren Platz im Kirchenraum hatte, welche Kleidung sie getragen und welche Gestik sie verwendet hat.

Das gleiche tut auch der Bischof, der eine Eucharistiefeier leitet: Er eröffnet (*Der Friede sei mit euch – Und mit deinem Geiste*), er trägt Tagesgebet, Gabengebet, Eucharistisches Hochgebet und Schlussgebet vor (jedesmal mit *Amen* der Versammlung) und spricht am Ende den Segen. Alles das macht ihn zum *Vorsteher.*

Das ist das Wichtigste, was es zum Liturgievorsteher zu sagen gibt. Alles andere ist zweitrangig.

Vorsteher, Leiter, Zelebrant

Es ist merkwürdig, dass der Begriff des *Vorstehers* so wenig gebräuchlich ist. Etwas unverfänglicher scheint vielleicht das Wort *Gottesdienstleiter*, aber ich bevorzuge den Begriff *Vorsteher* aus zwei Gründen: Er verstärkt das Bild einer *Versammlung* und er entspricht seinem Gegenstück in der lateinischen Sprache: *praesidens*, wörtlich *Vor-Sitzender.* Auf Griechisch gibt es den *pro-istámenos*, wörtlich *Vor-Steher.* Dieses Wort wird heute allerdings nicht mehr verwendet, um die liturgische Vorsteherrolle zu bezeichnen, sondern ist ein kirchlicher Ehrentitel geworden.

Stattdessen hält sich ein anderer Begriff für den Liturgievorsteher hartnäckig, nämlich *Zelebrant.* Das ist etwas unglücklich, da das lateinische *celebrare* einfach nur *feiern* bedeutet, und das tun doch alle Versammelten gemeinsam. Selbst das Eucharistische Hochgebet verwendet in der lateinischen Sprache den Ausdruck *concelebrantes (gemeinsam Feiernde)*, um die ganze Versammlung, ja sogar die unsichtbar mitfeiernde Kirche aller Orte und Zeiten zu bezeichnen. Insofern ist auch der Begriff *Konzelebration* unpassend, wenn man ihn für Eucharistiefeiern verwendet, die mehrere Bischöfe oder Presbyter gemeinsam feiern, so als wären alle anderen keine *Mit-Feiernden.*

Verschiedene Ausdrucksformen des Vorsteherdienstes

Natürlich ist die Ordensschwester, die in ihrem Kloster der Tagzeitenliturgie vorsteht, im selben Maße Vorsteherin wie der Bischof bei der Eucharistiefeier in der Kathedrale. Der ehrenamtliche Vorsteher einer Wort-Gottes-Feier am Mittwoch ist nicht „weniger Vorsteher" als der Presbyter in der Eucharistiefeier am Sonntag. Daher darf und soll jeder Vorsteher der Wort-Gottes-Feier mit demselben Selbstbewusstsein, mit derselben festen Stimme im Namen der Gemeinde zu Gott beten wie dies der Presbyter in der Eucharistiefeier tut.

Nicht-ordinierte Vorsteher werden in gleicher Weise mit der Kirche identifiziert und für sie verantwortlich gemacht wie ordinierte. Ihre Verantwortung gegenüber der Versammlung und gegenüber Gästen unterscheidet sich nicht von der Verantwortung, die ein Presbyter hat. Deswegen haben die meisten Bischöfe eigene Ausbildungsprogramme eingerichtet, um Laien auf den Vorsteherdienst bei Wort-Gottes-Feiern, Begräbnissen, Trauungen usw. vorzubereiten, ehe sie sie dann offiziell dazu beauftragen. Zu einer solchen Ausbildung gehören ein sicherer Umgang mit der eigenen Stimme, dem Körper, der Gestik, Kenntnisse über die liturgischen Abläufe und ihre Bedeutung, Vertrautheit mit den einschlägigen kirchlichen Bestimmungen, Erfahrung mit der Vorbereitung von Liturgien und möglicherweise auch die Einübung ins Predigen (siehe Kapitel 11).

Trotzdem besteht in der verbreiteten Wahrnehmung ein erheblicher Unterschied zwischen ordinierten und nicht-ordinierten Vorstehern. Das liegt an einer Fülle von rituellen Details, die in ihrer Summe tatsächlich den Eindruck erzeugen, es handle sich um völlig verschiedene Dinge, je nachdem, ob der Leiter ordiniert ist oder nicht. Die rituellen Regeln der katholischen Kirche bringen nämlich das *extra nos* der Ordinierten besonders zur Geltung:

Ordinierte Vorsteher sprechen Grußformeln in der Ihr-Form *(Der Herr sei mit euch)*, Laien verwenden diese Formeln nicht. Ordinierte Vorsteher sprechen auch Segensformeln in der Ihr-Form *(Es segne euch …)* und zeichnen dabei mit der Hand eine Segensgeste über die Versammlung, Laien verwenden dagegen die Wir-Form *(Es segne uns …)* und zeichnen die Segensgeste über sich selbst, so wie es die ganze Versammlung tut.

In manchen Bistümern ist vorgeschrieben, dass der Platz im Kirchenraum, den ein ordinierter Vorsteher einnimmt („Priestersitz"), nicht von Laien verwendet werden soll, wenn sie einer Liturgie vorstehen. Manche gehen sogar so weit, dass ein nicht-ordinierter Vorsteher überhaupt keinen ausgewiesenen Vorsteherplatz einnehmen, sondern in der ersten Reihe mitten in der Versammlung sitzen soll.

Pointiert könnte man es so zusammenfassen: Bei ordinierten Vorstehern soll besonders zum Ausdruck kommen, dass sie der Versammlung sinnbildlich *gegenüberstehen*. Bei nicht-ordinierten Vorstehern soll besonders zum Ausdruck kommen, dass sie sinnbildlich *genauso sind wie alle Versammelten*. In der Fülle der Details kann sich daher der Eindruck verfestigen, Laien seien gar keine „echten" Vorsteher – und dieser Eindruck ist ziemlich unpassend.

Ich habe bereits in Kapitel 3 offengelegt, dass ich mit dem Konzept der *niederen Weihe* sympathisiere. Im Fall des Liturgievorstehens finde ich diese Idee wirklich besonders naheliegend. Wer Gemeindeliturgien leitet, steht im Namen der katholischen Kirche in der Öffentlichkeit und wird mit ihr identifiziert. Die Verantwortung für liturgische Versammlungen tragen und vor aller Welt die Stimme im Namen der Versammlung an Gott richten: Das ist nichts, was man einfach so überstreift und dann wieder abstreift, als wäre es nie geschehen. Es nimmt Menschen in hohem Maß in Anspruch, es prägt diese Menschen und geht tiefgreifend in ihre Erfahrungen, ihr Selbstbild und ihr Verhältnis zur Kirche ein. Eine niedere Weihe könnte ein passender Ausdruck dafür sein, und dann wäre es wirklich überfällig, dass solche sozusagen „ordinierte Laien" auch dasselbe Gruß- und Segensritual verwenden wie Bischöfe und Presbyter.

Vorsteherdienst durch mehrere Personen gemeinsam

Eine abschließende Frage, die in der Praxis immer wieder auftaucht: Kann und soll der Vorsteherdienst auf mehrere Personen aufgeteilt werden, gibt es also ein „kollektives Vorstehersein"?

In der Eucharistiefeier gibt es das tatsächlich, aber es ist eine historisch und theologisch hochkomplizierte Sache, nämlich die oben erwähnte *Konzelebration* mehrerer Bischöfe oder Presbyter. Aber selbst dann ist immer noch einer dieser Ordinierten eindeutig als Haupt-

Vorsteher erkennbar (dann auch gerne *Hauptzelebrant* genannt), auch wenn einzelne Teile des Eucharistischen Hochgebetes von mehreren gemeinsam oder abwechselnd gesprochen werden. Das historische Modell für die Konzelebration findet sich in der Antike: Bei einer Eucharistiefeier nahmen Presbyter und Diakone die Plätze rechts und links des Bischofs ein, der der Vorsteher war. Der Bischof versammelte also seine wichtigsten Mitarbeiter sichtbar in seiner Nähe und konnte dann auch einzelne Elemente seiner Vorsteherrolle an sie abgeben. Die Ostkirchen praktizieren das heute noch so, auch ohne Bischof: Dann ist eben ein Presbyter der Vorsteher und andere Presbyter assistieren ihm und übernehmen einzelne seiner Teile. In der katholischen Kirche Westeuropas stand ab dem späten 1. Jahrtausend die Vorstellung im Vordergrund, jeder Bischof und jeder Presbyter müsse „seine" eigene Eucharistiefeier abhalten, unabhängig davon, ob sich dazu eine Gemeinde versammelt oder nicht. Erst mit dem Konzil wurde die Konzelebration wieder eingeführt. Ob die Ordnung, die das Messbuch dafür vorsieht, wirklich angemessen ist, wird intensiv diskutiert. Vor dem Hintergrund des Konzils ist es allerdings ämtertheologisch absurd – obwohl ich es schon einige Male erlebt habe –, dass ein Presbyter der „Haupt-Vorsteher" ist, während ein Bischof oder sogar mehrere Bischöfe dabei assistieren. Das ist ganz sicher nicht im Sinne der Beziehung zwischen Bischof und Presbyter, wie sie das Konzil herausgearbeitet hat.

Also: Es existieren Formen des gemeinsamen Vorsteherdienstes, aber auch dann bleibt immer ein einzelner „Haupt-Vorsteher" erkennbar.

Das hat natürlich praktische Vorteile: Ein Ritual ist ziemlich schwierig zu organisieren, wenn erst einmal geklärt werden muss, wie eine Gruppe von Liturgievorstehern einzelne Handlungen und Worte unter sich aufteilen und dabei vollkommen gleichberechtigt bleiben soll.

Es geht aber auch um die theologische Symbolik. Die Idee, Christus werde in der Kirche personal sichtbar gemacht (Kapitel 3 und 8), findet sich in den ersten Jahrhunderten vorrangig auf den Bischof bezogen. Während die Versammlung mit ihren verschiedenen individuellen Begabungen und liturgischen Rollen die *Vielheit der Kirche* abbildet, steht der Bischof als Vorsteher sinnbildlich für Christus als das *eine Haupt der Kirche* und damit auch für die *Einheit der Kirche*. Das ist der Grund, warum der Vorsteherdienst in der Liturgie sinnvollerweise von *einer einzigen* Person wahrgenommen wird.

Manche möchten diese Symbolik der Einheit auf die Ordinierten beschränken. Während also die Eucharistiefeier von einem einzelnen Bischof oder Presbyter geleitet wird, sollen Laien eine Wort-Gottes-Feier in einem kleinen, gleichberechtigten Team leiten. Auch manche Laien bevorzugen dieses Konzept. Sie möchten sich nicht individuell in den Vordergrund spielen, fühlen sich im Team sicherer und können eine demokratische Grundhaltung demonstrieren.

Mich überzeugt diese Vorgehensweise allerdings nicht. Sie erweckt nämlich den Eindruck, nur Ordinierte könnten Gottesdienste „richtig" leiten, während Laien ja ohnehin keinen öffentlichen Platz in der Kirche hätten. Beides ist aber schlichtweg falsch.

Es gibt keine Liturgie ohne Vorsteher, und wenn diese Rolle von einer einzelnen Person ausgeübt wird, hat das nicht nur praktische Vorteile, sondern auch eine theologische Bedeutung: Es drückt die Einheit der Kirche unter Christus als ihrem einen Haupt aus. Ich kann daher die nicht-ordinierten Frauen und Männer, die die Vorsteherrolle in katholischen Liturgien wahrnehmen, nur ermutigen, ihren Dienst selbstbewusst auszuüben und sich nicht im Ritual oder hinter dem Ritual kleinzumachen oder kleinmachen zu lassen.

10 Getränkewart, Evangelist, Motivator – der Diakon

Der Diakonat fristet in der römisch-katholischen Kirche immer noch ein Schattendasein. Es gibt nur wenige Diakone, und sie übernehmen im Gemeindeleben so unterschiedliche Aufgaben, dass sich für die meisten Menschen kein klares Bild ergibt, was ein Diakon eigentlich sein soll. Seine heutige Gestalt hat der Diakonat erst nach dem Zweiten Vatikanischen Konzil angenommen, daher sind mit diesem Amt (noch) keine gewachsenen Traditionen verbunden.

Diakonos zwischen Sozialdiener und Privatsekretär

Nicht einmal über die Bedeutung der Bezeichnung *diakonos* (wörtlich *Diener*) gibt es Einigkeit. Außerhalb des Christentums wurde dieser Begriff in antiken Vereinen für Aufgaben verwendet, die wir heute vielleicht als „Catering" bezeichnen würden: Planung eines Festes, Herrichten eines Festsaals, Organisation von Speisen und Getränken, Bedienen der Gäste, finanzielle Kalkulation.

Wie kamen Christen dazu, diesen Begriff für ein ordiniertes Amt zu verwenden? Die verbreitetste Theorie nimmt an, dass das Wort Diensttätigkeiten in der *Nächstenliebe* bezeichnen soll: Sorge für die Kranken und Bedürftigen im Auftrag der Kirche. Vorbild dafür ist die Auswahl von sieben Männern in der Gemeinde Jerusalems in Apg 6,1–7 für den „Dienst an den Tischen" zur Entlastung der Apostel. Einer dieser Männer, Stephanus, gilt bis heute als das Urbild des Diakonats, wobei interessanterweise in der Apostelgeschichte gar nicht die Bezeichnung *diakonos* verwendet wird.

Eine andere Interpretation nimmt an, dass *diakonos* einen *Diener des Bischofs* bezeichnen soll, in moderner Begrifflichkeit vielleicht eine Mischung aus Büroleiter, Butler und Chauffeur.

Diese beiden Ausgangspunkte – der „Sozialdiener der Gemeinde" und der „Privatsekretär des Bischofs" – klingen sehr unterschiedlich, aber sie können durchaus auf dieselben Tätigkeiten hinauslaufen. Wer für den Sozialdienst einer christlichen Gemeinde zuständig ist, braucht Budgetverantwortung und wird schnell zum Dreh- und Angelpunkt aller praktischen Dinge im Gemeindeleben, sozusagen Finanz- und Sozialminister in einem. Wer im „Vorzimmer“ eines Entscheidungsträgers arbeitet, ist auch dafür zuständig, Anfragen von außen zu beantworten, Hilfesuchende zu betreuen und Servicetätigkeiten zu übernehmen: sowohl für den Chef als auch für die Gäste.

Presbyter und Diakone

Die frühkirchliche Unterscheidung zwischen Presbytern und Diakonen könnte bedeuten, dass die Presbyter eher „Berater“ des Bischofs sein sollten, die Diakone eher sein „Serviceteam“. Ab dem 4. Jahrhundert zeigt sich eine klare Tendenz: Während manche Presbyter in der Bischofsstadt bleiben und dem Bischof einzelne Aufgaben abnehmen, betreuen andere Presbyter einzeln oder in kleinen Teams die Außenstationen der städtischen Gemeinde, zum Beispiel Wallfahrtskirchen, die an Märtyrergräbern errichtet werden, oder das dörfliche Umfeld außerhalb der Stadt. Die Diakone hingegen übernehmen soziale und administrative Tätigkeiten in der Stadt und im Büro des Bischofs.

In liturgischer Hinsicht scheinen die Presbyter die Wichtigeren zu sein, denn anders als die Diakone dürfen sie auch Eucharistiefeiern leiten (siehe Kapitel 3 und 8). Im praktischen Zusammenleben sind aber die Diakone einflussreicher, denn sie arbeiten unmittelbar dem Bischof zu, erhalten als erste wichtige Informationen und kennen sich am besten mit den Details des Budgets und der Außenkontakte aus. Wenn ein neuer Bischof bestimmt werden muss, ist daher oft ein Diakon der ideale Nachfolger: Diakone kennen die Aufgaben des Bischofs aus nächster Nähe und können für einen nahtlosen Übergang im Amt sorgen.

Mit der Verbreitung des Christentums in den dünner besiedelten Norden und Westen Europas wächst zwischen dem 4. und 7. Jahrhundert die Bedeutung der Presbyter. Es entsteht jene Struktur, die der katholischen Kirche bis heute vertraut ist: Die örtliche Kirchengemeinde besteht nicht mehr aus einem städtischen Zentrum (mit dem Bischof und seinem Team, besonders den Diakonen) und einigen Außenstationen (mit Presbytern), sondern das Bischofsamt wird zu einer regionalen Größe. Auf einem riesigen Gebiet entstehen viele kleine Gemeinden, die von Presbytern geleitet werden. Anders als zuvor agieren diese Presbyter weitgehend selbstständig, schon die großen Distanzen machen einen engen Kontakt zum Bischof unmöglich. Für die Christen ist der Presbyter vor Ort der kirchliche Ansprechpartner. Der Bischof hingegen ist weit weg, viele Menschen werden ihren eigenen Bischof im Laufe ihres Lebens nie zu Gesicht bekommen.

In dieser Entwicklung verlieren die Diakone an Bedeutung. Das kirchliche Leben spielt sich jetzt in der weiten Fläche ab, in kleinen Gemeinschaften, die wir heute Pfarrgemeinden nennen, und die von Presbytern geleitet werden. Der Bischof wird zu einer eher juristischen und abstrakten Größe, er wird nicht mehr als echter Gemeindeleiter erlebt.

Wiederbelebung des Diakonats durch das Konzil

Vom späten 1. Jahrtausend bis zum Zweiten Vatikanischen Konzil war der Diakonat auf diese Weise nahezu bedeutungslos geworden. Männer, die Presbyter werden sollten, mussten vorher zu Diakonen ordiniert werden. Das waren sie dann für wenige Tage, Wochen oder Monate. Für die meisten Liturgien war gar kein Diakon vorgesehen. In anderen Liturgien gab es zwar eine fest umschriebene Diakonenrolle, sie wurde aber meist von einem Presbyter übernommen, der sozusagen rituell in die Rolle des Diakons schlüpfte.

Das Konzil traf zwei wegweisende Entscheidungen (LG 29): Es sollte wieder „Diakone auf Dauer“ geben, die nicht von vornherein dazu bestimmt sind, Presbyter zu werden. Für sie hat sich der Begriff *Ständiger Diakon* durchgesetzt. Zum anderen sollte dieser Ständige Diakonat auch für Männer geöffnet werden, die die Voraussetzungen für das Presbyterat nicht erfüllen: verheiratete Männer ebenso wie Männer ohne den für das Presbyterat vorgeschriebenen Umfang an theologischer Ausbildung.

Es gibt heute in der katholischen Kirche ein Nebeneinander von Ständigen Diakonen und solchen, die „Presbyter in Ausbildung“ sind. Letztere werden meist nach einem Jahr Diakonat zum Presbyter ordiniert. Auch wenn die Zahl der Ständigen Diakone steigt, gibt es immer noch nicht besonders viele.

Das Konzil legte eine doppelte und nicht ganz einfach zu bündelnde Definition des Diakons vor. Einerseits ist er „Presbyter 2. Klasse“, das Konzil spricht wörtlich von einer *niedrigeren Stufe des Amtes*: Der

Diakon kann dem Presbyter manche Aufgaben abnehmen (z. B. die Taufspendung), andere aber nicht (z. B. die Leitung der Eucharistiefeier). Andererseits ist der Diakon etwas ganz anderes als Bischof und Presbyter, sozusagen ein *ordiniertes Amt völlig anderen Typs*: Während nämlich Bischof und Presbyter Christus als *Haupt der Kirche* symbolisieren (siehe Kapitel 3 und 8), sollen die Diakone Christus als *Diener aller* abbilden (Mk 9,35, im griechischen Bibeltext steht das Wort *diakonos*).

Es gibt also eine Zweiteilung unter den drei ordinierten Ämtern: auf der einen Seite Bischof und Presbyter, auf der anderen Seite der Diakon. Diese Zweiteilung wird an vielen Biographien augenfällig: Bischöfe, die aus Alters- oder Gesundheitsgründen aus dem Amt ausscheiden, übernehmen anschließend weiterhin Aufgaben eines Presbyters. Dass Presbyter ihr Amt niederlegen und anschließend als Diakone weitermachen, kommt hingegen nicht vor.

Folgt man der Option des Diakons als *Diener aller*, dann wird man bei der Ausgestaltung des Amtes die sozial-karitative Dimension in den Vordergrund stellen. Viele Ständige Diakone tun das: Sie verstehen sich als das „soziale Gewissen" bzw. als Koordinator der sozialen Dienste einer Gemeinde und kümmern sich beispielsweise um Klinik- und Gefängnisseelsorge, Krankenbesuche, Flüchtlingshilfe, materielle Unterstützung für Bedürftige usw.

Und wie ist es in der Liturgie? Auch dort zeigt sich eine gewisse Vielschichtigkeit dieses Amtes, dessen liturgische Rolle man nicht unter einem einfachen Oberbegriff zusammenfassen kann. Außerdem ist genau zu unterscheiden zwischen der Eucharistiefeier und anderen Liturgieformen.

Diakon in der Eucharistiefeier

Der Diakon ist in der Eucharistiefeier *Assistent des Vorstehers*. Ganz gleich, wie viele Bischöfe oder Presbyter dabei sind: Der Platz zur Rechten des Vorstehers gehört dem Diakon (nach biblischer Symbolik ist die rechte Seite die herausgehobene, siehe zum Beispiel Ps 110,2). Der Assistenzdienst zeigt sich handgreiflich bei der Unterstützung des Vorstehers, wenn dieser mit Weihrauch oder Büchern hantiert; das braucht hier nicht eigens aufgeschlüsselt zu werden. Fehlt der Diakon, wird man solche „Handlangerdienste" kaum vermissen. Der Vorsteher wird sich dann selbst darum kümmern oder andere – zum Beispiel Ministranten (Kapitel 13) – springen ein.

Der Diakon ist auch eine Art *Motivator* der Versammlung, indem er Gemeinderufe *(Akklamationen)* oder rituelle Handlungen einleitet wie etwa *Geheimnis des Glaubens* (Antwort: *Deinen Tod, o Herr, verkünden wir …*) oder *Gebt einander ein Zeichen des Friedens*. Der Diakon fungiert als Vermittler zwischen dem Ritual und der Versammlung. – Fehlt der Diakon, übernimmt der Vorsteher diese Teile selbst; auch das wird den meisten gar nicht weiter auffallen.

Der Diakon ist *Lektor des Evangeliums* (siehe Kapitel 4). Das ist ein in der Liturgiegeschichte fast durchgängiges Motiv. In den Ostkirchen ist eine gute Sprech- und Singstimme aus diesem Grund eine der wichtigsten Kompetenzen, die ein Diakon braucht, viel wichtiger als eine theologische Ausbildung.

Die Evangelien bilden den Kulminationspunkt der gesamten Überlieferung, sie sind so etwas wie die *Heilige Schrift innerhalb der Heiligen Schrift*. Anders gesagt: Die Kirche schreibt der Evangelienlesung einen so hohen Wert zu, dass sie dafür ein eigenes Amt eingerichtet hat: den Diakonat.

Daraus folgt, dass der Vorsteher der Eucharistiefeier nicht selbst das Evangelium vorträgt (siehe Kapitel 4). So wird deutlich, dass auch Bischof und Presbyter gegenüber der Botschaft Jesu Hörende sind. Sie verfügen nicht über das Evangelium, sondern werden von ihm in Dienst genommen und darauf verpflichtet.

Der Diakon kann also als *Evangelist* bezeichnet werden: als *Stimme des Evangeliums* und damit auch als *Missionar der Versammlung*. Wie der Lektor braucht er die Kompetenz, Texte gut vorbereitet und gut verständlich vorzutragen, dabei aber die eigene Person und persönliche Interpretation zurückzunehmen (Kapitel 4).

Fehlt der Diakon, gibt es keinen Evangelisten – und das ist tatsächlich ein Verlust an Bedeutungskraft des Rituals. Es ist tragisch, dass dieser Verlust von den meisten überhaupt nicht empfunden wird, da sie nur selten Eucharistiefeiern mit Diakon miterleben. Sie sind es gewohnt, dass der Vorsteher selbst das Evangelium vorträgt. Der Gemeindeleiter, dem das Evangelium verkündet werden muss – diese Symbolik ist dann verloren.

Daraus folgen für mich zwei Dinge: Erstens sollte es in der katholischen Kirche flächendeckend Diakone geben, und sei es nur, um den

Dienst des Evangelisten in der Eucharistiefeier zu übernehmen. Zweitens wäre es besser, wenn bei fehlendem Diakon das Evangelium nicht vom Vorsteher, sondern von einem Lektor gelesen würde, damit der Vorsteher immer „Hörer des Evangeliums" bleibt. Leider ist diese Variante derzeit im liturgischen Recht nicht vorgesehen.

Lektionar, Evangeliar, Bibel

An dieser Stelle noch ein genauerer Blick auf die Bücher, aus denen in der Liturgie gelesen wird. Große Tradition hat das *Evangeliar*, das die Evangelienabschnitte für die einzelnen Tage des Kirchenjahres enthält. Das Evangeliar ist oft besonders geschmückt und drückt bildhaft den Stellenwert Jesu als *Wort Gottes* (Joh 1) für seine Kirche aus. Zu Beginn der Eucharistiefeier soll der Diakon das Evangeliar sichtbar vorantragen, die Versammlung bildet sich also *unter der Führung des Evangeliums*. Das Evangeliar wird dann am Altar abgelegt oder sichtbar aufgestellt und zur Evangelienlesung von dort feierlich zum Ambo getragen. Ist kein Diakon da, soll beim Einzug ein Lektor das Evangeliar in derselben Weise mitführen (obwohl er es nicht selber vorliest – siehe oben).

So weit, so klar. Es stellen sich aber Folgefragen: Was macht man im Anschluss an die Evangelienlesung mit dem Evangeliar, woraus lesen die Lektoren die anderen Lesungen und woraus singen die Kantoren den Antwortpsalm (Kapitel 5)?

Zur ersten Frage: Es gibt dafür keine genaue Regel. Es zeugt allerdings nicht gerade von Sensibilität für Symbolhandlungen, wenn das Evangeliar am Ende zugeklappt und unsichtbar irgendwo verstaut oder jemandem in die Hand gedrückt wird, der es dann diskret wegräumt. Das Evangelium ist ja nicht „vorbei", sobald es gelesen wurde. Die sinnvollste Option ist meines Erachtens, das Evangeliar für die Gemeinde präsent zu halten, am besten auf einem Buchständer, der einen gut sichtbaren Platz im Kirchenraum bekommt. Manche Kirchenräume haben dafür eine Einrichtung an der der Versammlung zugewandten Seite des Ambo: gewiss eine kluge Lösung. Und dann stellt sich noch die Frage, ob das Evangeliar am Ende der Liturgie wieder herausgetragen werden soll oder nicht. Manche halten das für eine gute Idee, weil das Buch nur im Kontext der Liturgie, in der es vorgetragen wird, eine Bedeutung hat. Sobald die Liturgie vorbei ist, hat auch das Buch sein ihm zugehöriges

Umfeld verloren, daher wird es wieder aus der Versammlung herausgetragen und anderswo aufbewahrt. Andere sind der gegenteiligen Meinung: Wenn das Evangeliar dauerhaft im Kirchenraum verbleibt, bleibt es auch für den Alltag der Gemeinde symbolisch sichtbar. So gibt es in manchen Kirchen einen Ort, an dem immer ein Evangeliar aufgestellt ist, bevorzugt genau auf der Seite aufgeschlagen, aus der am selben Tag oder am vergangenen Sonntag in der Eucharistiefeier gelesen wurde.

Komplexer wird die Sache, wenn wir auf Lektor und Kantor und ihre Texte schauen. Die Diskussionen um die angemessene Handhabung von Büchern wird übrigens aktuell mit erheblicher Schärfe geführt, die vertretenen Positionen machen Kompromisse kaum möglich.

Zunächst zum Buch: Lektoren lesen biblische Lesungen aus dem dafür eingerichteten *Lektionar*. Das Lektionar enthält aber zusätzlich die Evangelienlesungen! Wo kein Evangeliar verwendet wird, genügt also das Lektionar für alle Bibeltexte. Das Lektionar ist aber weitgehend schmucklos, wird nicht dem Diakon anvertraut, nicht feierlich in Prozession hereingetragen. Es soll überhaupt nicht mitgeführt werden, sondern von Beginn an auf dem Ambo liegen. Es ist also kein *symbolisch*, sondern nur ein *funktional* gedachtes Buch – irgendwo muss man die Bibeltexte ja hernehmen.

Das hat allerdings eine problematische Folgewirkung: Wenn das Evangeliar rituell einbezogen und mit Symbolik aufgeladen wird, das Lektionar aber nicht, ist das doch eine Form von Geringschätzung für alle Nicht-Evangelientexte der Bibel – und daran entzünden sich die Diskussionen. Manche Lektoren behandeln daher das Lektionar eben doch genauso wie der Diakon das Evangeliar: Sie tragen es feierlich bei sich, zeigen es her, halten es hoch usw. Dann entsteht aber eine Konkurrenz zwischen zwei „heiligen Schriften". Manche Gemeinden stellen ihr Lektionar öffentlich in der Kirche aus, andere verstauen es nach der Lesung so schnell wie möglich irgendwo, wo es niemand sehen kann.

Und es wird noch komplizierter, wenn wir eine Kantorin mit dem Antwortpsalm in die Überlegungen einbeziehen. Das Lektionar enthält auch den Psalmtext, aber aus dem Lektionar kann die Kantorin nicht singen, denn sie benötigt eigens hergerichtete Notenblätter. Soll sie also ihr Notenblatt zusätzlich ins Lektionar einlegen – in der Hoffnung, dass dieser Schwindel mit der Buchsymbolik nicht auffällt? Soll sie von einem selbstgedruckten Zettel singen, den sie anschließend faltet und in ihrer Tasche verstaut? Oft singen Kantoren aus eigenen Kantorenbüchern, aber damit entsteht ja gewissermaßen noch ein weiteres (Psalmen-)Lektionar. Und wie soll es eine Schola machen (siehe Kapitel 6), die gemeinsam den Psalm singt?

Ich denke, dass es keine eindeutig ideale Lösung gibt, die auf alle Einzelfälle anwendbar wäre. Ich möchte aber zwei völlig entgegengesetzte Denkrichtungen vorstellen, die mir beide auf je ihre Weise plausibel erscheinen.

Es gibt heute die starke Tendenz, Evangeliar und Lektionar durch eine vollständige Bibel zu ersetzen. Auch wenn in der Liturgie immer nur einzelne Abschnitte der Bibel vorgetragen werden, stehen diese doch im Zusammenhang der gesamten Bibel und sind nur in diesem Kontext zu verstehen: Altes und Neues Testament sind Wort Gottes und in ihrem Gesamtzusammenhang identitätsstiftend für die Kirche. Das Konzept der *Vollbibel* möchte das sichtbar und rituell erfahrbar machen. Demnach soll es ein eigens gestaltetes Bibelexemplar für die Gemeinde geben, aus dem dann idealerweise in allen Liturgien gelesen wird. Diese Bibel soll zu Beginn der Liturgie mitgeführt werden, sie kann – muss aber nicht – nach der Liturgie im Kirchenraum verbleiben. Am Konzept der Vollbibel wird derzeit intensiv gearbeitet, es wird sicher in den kommenden Jahren vermehrt erprobt und in manchen Gemeinden etabliert werden. Die noch ungelösten Herausforderungen sind vor allem praktischer Natur: Erstens ist die Frage der Vertonungen nicht gelöst – das betrifft vor allem den Psalm, aber auch die Lektions- und Evangelientöne (Kapitel 4). Kantoren mit Zetteln oder eigenen Büchern wird es also auch weiterhin geben müssen. Zweitens wird eine Vollbibel, aus der die Texte gut vorgelesen werden können, groß gedruckt sein müssen und daher sehr unhandlich und schwer werden. Möglicherweise werden nur kräftige Personen sie überhaupt tragen und mit ihr hantieren können. Drittens muss in einer Vollbibel erkennbar gemacht werden, wo eine liturgische Lesung beginnt und wo sie endet. Es gibt liturgische Lesungen, bei denen zum Beispiel nur der erste Vers eines Kapitels und anschließend ein späterer Teil desselben Kapitels gelesen wird. An manchen Tagen gibt es eine Kurz- und eine Langfassung zur Auswahl. Das alles in einer Vollbibel sichtbar zu machen, ist eine riesige Herausforderung für die grafische Gestaltung.

Die Idee der Vollbibel ist übrigens durch den christlich-jüdischen Dialog inspiriert worden: Den christlichen Kirchen wurde vor Augen geführt, wie oft sie vor allem das Alte Testament geringgeschätzt und die Bibel nur sehr fragmentarisch ernst genommen und für ihr Selbstverständnis aufgegriffen haben.

Nun zum alternativen Konzept, das theologisch wenig innovativ ist, aber dafür umso praktikabler, es ist besonders in den Ostkirchen verbreitet. Demnach gibt es nur ein einziges rituell dargestelltes Buch, nämlich das Evangeliar. Für alle anderen Lesungen und biblischen Gesänge gilt ausschließlich das Prinzip der Funktionalität. Natürlich bevorzugt man auch für Lesungen und Kantorengesänge schön gestaltete Buchausgaben, die man sorgfältig behandelt, aber an sich ist alles erlaubt, was seinen Zweck erfüllt: von selbst kopierten Zetteln bis zum Ablesen vom Smartphone. So kommt zum Ausdruck, dass alle Medien letztlich nur Hilfsmittel für das sind, worum es eigentlich geht, nämlich nicht die Schriftform, sondern das (klingende) Wort. Es gibt in dieser Symbolik einen klaren Vorrang des Hörens vor dem Sehen (Röm 10,17). Das Hören trifft den Menschen von außen, auch ohne seine Initiative, während das Sehen in die Macht des Menschen fällt, der selbst entscheiden kann, wohin er blickt oder ob er seine Augen verschließt. Das Evangeliar allerdings bleibt als ritueller Gegenstand erhalten, denn es symbolisiert Christus und dient als *pars pro toto* für die gesamte Bibel (Lk 24,44). In diesem Konzept ist es auch nicht so wichtig, dass man eine Lektorin sehen kann, man muss sie nur gut hören können. – An diesem Modell gibt es natürlich auch Kritik, weil darin das Evangelium eigentlich aus dem Zusammenhang der Bibel herausgelöst wird. Die Bibel ist nicht in ihrer Ganzheit sichtbar, sondern wird nur durch die Evangelienlesungen repräsentiert.

Allgemeines Gebet

Nach diesem Exkurs in die Handhabung liturgischer Bücher nun zu einer weiteren Aufgabe des Diakons in der Eucharistiefeier: Er trägt die einzelnen Anliegen des Allgemeinen Gebets vor, also die *Fürbitten*. Das ist sehr alte Tradition – mindestens seit dem 4. Jahrhundert weit verbreitet – und in ostkirchlichen Liturgien mit ihren vielen kleinen Fürbitt-Elementen bis heute sehr ausgeprägt: ein weiterer Grund, warum Diakone gut singen können müssen, denn ostkirchliche Liturgien sind ohne feierliche gesungene Fürbitten kaum denkbar.

Versteht man den Diakon als Abbild *Christi des Dieners aller*, dann leuchtet es ein, dass er der liturgischen Versammlung im Fürbittgebet vorangeht, denn Fürbitten sind ja ein geistlicher Dienst an den Notleidenden, den kirchlichen und gesellschaftlichen Verantwortungsträgern und überhaupt der gesamten Menschheit und der Schöpfung. Im Alltag besteht dieser Dienst darin, Gutes zu tun und den Schwachen zu helfen. In der liturgischen Versammlung drückt sich dieselbe Berufung durch das *Gebet für andere* aus. Der Diakon ist also bei den Fürbitten in seiner Rolle als „Sozialminister" der Gemeinde zu sehen.

Fürbitten sollen *nicht an Gott* adressiert werden („Gott, stärke die Kranken") – wir hatten bereits gesehen, dass die direkte Anrede an Gott zur Rolle des Vorstehers gehört (Kapitel 2 und 8) –, sondern *an die Versammlung* („Lasst uns beten für die Kranken"). Diese Formulierung macht den Diakon als das *soziale Gewissen* der Gemeinde erfahrbar: Er nennt die, für die gebetet werden soll („für die Kranken"), und lädt zum Gebet ein („lasst uns beten"). Außerdem ist wichtig, dass im Fürbittgebet keine persönlichen Wünsche, Meinungsäußerungen oder theologische Präferenzen zum Ausdruck kommen. Wer Fürbitten formuliert, soll nicht Macht über andere ausüben, indem er ihnen seine persönlichen Anliegen aufdrängt, sondern soll der Versammlung die Bedürftigen nennen und zum Gebet für sie auffordern.

Es ist ein theologischer Verlust, dass diese Rolle des Diakons oft nicht ernst genommen wird. Viele Diakone wissen gar nicht, dass der Vortrag der Fürbitten zu ihren Aufgaben gehört und eng mit ihrem sozialen Auftrag zusammenhängt.

Wo der Diakon fehlt, übernehmen Lektoren diese Rolle. Das wirkt auf den ersten Blick wie eine Demokratisierung der Liturgie, aber eigentlich geht dabei die Symbolik des sozialen Auftrags der Kirche verloren, die im Amt des Diakons personalisiert wird. Das *Allgemeine Gebet* könnte ein wichtiges Element sein, um die Bedeutung des Diakonats wiederzuentdecken.

Kelchkommunion

Der Diakon ist der vorrangige Beauftragte für die Kelchkommunion. Auch das tritt in der Praxis wenig in Erscheinung, weil sich die Kelchkommunion immer noch kaum durchgesetzt hat (Kapitel 12). Sie ist in der liturgischen Ordnung sehr restriktiv geregelt, obwohl die Meinung Jesu dazu eindeutig ist (Mt 26,27–28). Viele Diakone scheinen von dieser Rollenzuweisung ohnehin nichts zu wissen.

Frauendiakonat und Frauenordination im Allgemeinen

Es gibt überhaupt keinen Zweifel daran, dass es den Frauendiakonat im 1. Jahrtausend gegeben hat, sogar das hochbedeutsame Konzil von Chalkedon im Jahr 451 hat eigene Bestimmungen dafür erlassen. Es ist ebenfalls unstrittig, dass Frauen für den Diakonat *ordiniert* und nicht etwa in moderner Terminologie nur *beauftragt* wurden (Kapitel 3). Allerdings hatten diese Diakoninnen in der Gemeindeliturgie nicht dieselbe Rolle wie die männlichen Diakone. Sie waren eher Ansprechpartnerinnen und Seelsorgerinnen für die weiblichen Gemeindemitglieder und Gäste, zum Beispiel weil es als völlig unangemessen empfunden worden wäre, wenn ein männlicher Seelsorger eine Frau in ihrer Privatwohnung besucht hätte. Bei der Taufe erwachsener Frauen, die im Rahmen dieses Rituals vollständig entkleidet und dann neu bekleidet wurden, übernahmen Diakoninnen ebenfalls wichtige Aufgaben, die Männer aus Gründen des Anstands nicht hätten übernehmen können. In reinen Frauengemeinschaften (zum Beispiel in Klöstern) konnten Diakoninnen auch einige Aufgaben übernehmen, die in den gewöhnlichen Gemeinden ordinierten Männern vorbehalten waren.

In dieser Form gibt es den Frauendiakonat in orthodoxen Kirchen auch heute noch, er erlebt sogar derzeit ein echtes Revival. In Westeuropa waren die Diakoninnen allerdings schon im 1. Jahrtausend seltener als im Osten und verschwanden bald komplett.

Manche leiten aus diesen historischen Beobachtungen die Schlussfolgerung ab, der Frauendiakonat sei sachlich ein völlig anderes Amt als der Männerdiakonat und habe nur zufällig denselben Namen. Das ist momentan auch der Standpunkt amtlicher katholischer Lehrtexte, besonders seit Papst Johannes Paul II. (1978–2005); wirklich überzeugend finde ich das allerdings nicht. Unter Papst Franziskus (seit 2013) scheint etwas Bewegung in die Sache zu kommen. Franziskus hat schon zweimal Kommissionen beauftragt, die historischen Umstände des Frauendiakonats genauer zu untersuchen.

Natürlich wird auch die genaue Gegenposition vertreten: Frauen- und Männerdiakonat seien theologisch dasselbe, konnten aber aufgrund gesellschaftlich festgefahrener Geschlechterrollen in der Praxis nicht in gleicher Weise ausgeübt werden.

Die Behauptung, den Frauendiakonat habe es nie gegeben, ist jedenfalls offensichtlicher Unsinn – und die Schlussfolgerung, dass es *deswegen* auch in Zukunft keinen Frauendiakonat geben könne, natürlich umso mehr. Die Würzburger Synode (1971–1975), mit der die katholische Kirche in Deutschland das Zweite Vatikanische Konzil für ihren Bereich konkretisierte, richtete an den Papst das bis heute unbeantwortete Anliegen, Frauen zu Diakoninnen zu ordinieren und ihnen dieselben Aufgaben anzuvertrauen wie den männlichen Diakonen. Die Stimmen, die das auch heute fordern, sind zahlreich, vor allem in der wissenschaftlichen Theologie, in katholischen Frauen- und Männerorganisationen und nach einer Phase des Stillstandes mittlerweile auch wieder sehr deutlich im Kreis der deutschsprachigen Bischöfe.

Frauen waren und sind ohnehin in sehr vielen katholischen Gemeinden schon längst faktisch das *soziale Gewissen*. Warum sollte man ihnen dann nicht das Amt anvertrauen, das dieser kirchlichen Rolle entspricht, und es auch in der Liturgie sichtbar machen? Andere argumentieren gegen diesen Gedankengang, dass damit wieder nur Geschlechterrollen zementiert würden: Die Männer kriegen die machtvollen Ämter, die Frauen werden aufs Wohltäterische reduziert und mit einem Amt abgespeist, das immer an männliche Chefs rückgebunden bleibt. Das einzige glaubwürdige Zeugnis für die Gleichwertigkeit der Geschlechter müsse daher sein, *alle drei* ordinierten Ämter für Frauen zu öffnen, ganz unabhängig vom historischen Befund, der ja auch immer in seinem gesellschaftlichen Kontext zu interpretieren ist.

Die Diskussion um Frauendiakonat und überhaupt um Frauenordination wird in der katholischen Kirche aktuell mit höchstem Aggressions- und Frustrationspotenzial und noch dazu in verschiedenen Weltregionen völlig unterschiedlich geführt. Eine Lösung, die die unterschiedlichen Lager zusammenführt und nicht bis zur Kirchenspaltung auseinandertreibt, ist nicht in Sicht, weil ja naturgemäß Kompromisslösungen unmöglich sind. Der Frauendiakonat bildet insofern einen Sonderfall für die Argumentation, als er sich auf historische Vorbilder berufen kann.

Im anglikanischen und altkatholischen Christentum hat der Frauendiakonat in den letzten Jahrzehnten als „Türöffner" für die Zulassung von

Frauen zu allen ordinierten Ämtern gedient. Genau das wollen manche auch für die katholische Kirche, andere wollen es unbedingt verhindern. Sie tun dies meist mit vier Argumenten, die im deutschsprachigen Raum allenfalls eine Minderheitenposition darstellen: Erstens habe Jesus zwölf Männer zu Aposteln berufen, daher könne *Apostolizität* (Kapitel 3) nur durch Männer personal ausgedrückt werden; zweitens werde im ordinierten Amt Christus repräsentiert (Kapitel 8 und 11) und dafür könne man sein Geschlecht nicht ignorieren; drittens sei diese Praxis der Kirche in den letzten Jahrzehnten immer wieder von Päpsten bestätigt worden und könne nicht geändert werden; und viertens stehe die katholische Kirche in einem besonderen Naheverhältnis zur Orthodoxie (wie dies auch das Konzil betont) und sei verpflichtet, alles zu tun, was der sichtbaren Einheit der Kirchen diene. Allenfalls Frauendiakonat sei möglich, Frauenpresbyterat und -episkopat aber dauerhaft unmöglich. – Für jedes dieser Argumente werden dann auch entsprechende Gegenargumente vorgetragen: Jesus habe ja auch nur *zwölf* und nur *Juden* zu Aposteln berufen, aber niemand verlange, dass das auch heute so im kirchlichen Amt abgebildet werde; daher sei nicht einsichtig, warum das männliche Geschlecht so zentral sein soll. Jesus sei zwar ein Mann gewesen, aber die Lehrentwicklung der Kirche habe von Anfang an immer nur seine *Menschwerdung* thematisiert, niemals die *Mannwerdung*. Päpstliche Entscheidungen seien keinesfalls für alle Zeit verbindlich, nur weil ein Papst das womöglich so behauptet. Und die Nähe zur Orthodoxie könne auch umgekehrt aufgegriffen und die Orthodoxie ermutigt werden, neue Einsichten der katholischen Kirche für sich zu übernehmen.

Im Kontext heutiger humanwissenschaftlicher und theologischer Geschlechterforschung hat die Beschränkung der Ordination auf Männer viel Plausibilität eingebüßt. Umso einseitiger, ja skandalöser erscheint die damit verbundene und – wie mittlerweile ans Tageslicht kommt – in entsetzlicher Weise zur Zerstörung von Existenzen missbrauchte Bündelung von kirchlicher Macht in männlicher Hand.

Als biblische Bezugsstelle dafür, dass Frauen und Männer in gleicher Weise zu allen kirchlichen Ämtern zuzulassen seien, bietet sich Gal 3,28 an (und wird auch oft in diesem Zusammenhang angeführt). Sollte damit gemeint sein, dass im Christentum Geschlechterrollen und Geschlechteridentitäten gänzlich aufgelöst werden sollen, dann geht aber zugleich die argumentative Grundlage für feste Geschlechterquoten etwa in kirchlichen Gremien verloren, denn diese ist ja überhaupt nur bei festen und eindeutigen Geschlechterzuschreibungen durchführbar. Frauen könnten dann auch keine biblischen Frauengestalten wie Mirjam (Ex 15,20–21), Judith (Jdt), Hanna (1 Sam 1–2,11), Maria (Lk 1–2), Maria Magdalena (Lk 24,1–12), Junia (Röm 16,7) oder Phoebe (Röm 16,1) als Vorbilder von Unkonventionalität, Mut in struktureller Benachteiligung, Durchsetzungsvermögen, prophetischer Begabung und als Modelle frühkirchlicher Gemeindeämter für sich exklusiv in Anspruch nehmen, genauso wie umgekehrt aus dem männlichen Geschlecht der zwölf Apostel keine Schlussfolgerungen für kirchliche Amtsträger der Gegenwart mehr gezogen werden dürften.

Wenn der Fokus des Geschlechterverhältnisses in der Kirche dagegen darauf liegen soll, wechselseitige Beziehungen von *Männlichem* und *Weiblichem* sichtbar zu machen (Gen 1,27; 1 Kor 11,11), könnte und dürfte gerade die Liturgie ein Ort sein, an dem dieser Zusammenhang erfahren wird. Symbolisch aufgeladene Rituale sprechen urtümliche Erfahrungen menschlicher Sinnlichkeit an und übersteigern sie. Das könnte auch für das Zusammenspiel von *männlich* und *weiblich* gelten. Demzufolge könnte es in der Liturgie einerseits Gleichwertigkeit aller Versammelten, andererseits doch spezifisch männliche und spezifisch weibliche Rollen geben, die verschiedene Aspekte des Menschseins und der Kirche mitsamt ihrer zweitausendjährigen Überlieferungsgeschichte repräsentieren und von denen die ersteren ausschließlich von Männern, die letzteren ausschließlich von Frauen übernommen werden. Nach diesem Modell wäre es möglich – mehr noch: eine Bereicherung der Geschlechterverhältnisse –, bestimmte liturgische Rollen nur Männern und andere nur Frauen zuzuweisen. Nun ist es aber in der katholischen Kirche so, dass eine Gruppe Frauen niemals ohne einen Mann Eucharistie feiern kann (denn sie braucht einen männlichen Bischof oder Presbyter als Vorsteher), Männer ohne Frauen aber sehr wohl (solange einer von ihnen Bischof oder Presbyter ist). Wechselseitige Bezogenheit der Geschlechter sieht definitiv anders aus.

Eine Kernfrage ist: Ist es mit der *Gleichwertigkeit* der Geschlechter – die niemand ernsthaft bestreitet – vereinbar, dass bestimmte kirchliche Ämter auf ein einzelnes Geschlecht beschränkt sind? Genauso eindeutig, wie manche diese Frage mit ja beantworten, beantworten andere sie mit nein, Kompromisse sind da nicht möglich. Vor dem Hintergrund der biblischen Grundlagenerzählungen halte ich es durchaus für plausibel, dass es im liturgischen Rollenspiel – analog etwa zum Chorgesang oder zum

Theaterspiel – Rollen ausschließlich für Männer und Rollen ausschließlich für Frauen geben kann. Allerdings gibt es momentan im katholischen Gottesdienst keine einzige Rolle, die ausschließlich von Frauen ausgeübt wird, sehr wohl aber gibt es Rollen, die ausschließlich von Männern ausgeübt werden. Und außerhalb der Liturgie ist kirchliche Entscheidungskompetenz erst recht ausschließlich bei Männern zentralisiert.

Wohin die katholische Kirche sich in dieser Frage entwickeln wird, wird die Zukunft zeigen. Ich habe mir 2019 erlaubt, folgenden Vorschlag in die Diskussion einzubringen: Wenn es dabei bleibt, dass die katholische Kirche nur Männer mit den drei ordinierten Ämtern betraut, dann sollte sie ein ergänzendes neues Amt der *Evangelistin* schaffen, das nur Frauen zugänglich ist, und zwar nach dem Vorbild der *Apostelin der Apostel* Maria Magdalena, die als erste Zeugin der Auferstehung nach Lk 24,1–12 die Verbreitung der Osterbotschaft überhaupt erst in Gang setzte, nachdem der Apostel Petrus höchstpersönlich Jesus kurz zuvor noch verleugnet hatte (Lk 22,54–62). Die liturgische Rolle der Evangelistin sollte konsequenterweise darin bestehen, in der Eucharistiefeier das Evangelium vorzutragen. Wo Evangelistinnen die entsprechende Ausbildung haben, sollten sie auch zum Predigtdienst beauftragt werden (Kapitel 11). Vor allem aber sollte keine Eucharistiefeier ohne Evangelistin gefeiert werden. So entstünde eine biblisch grundgelegte hochrangige Frauenrolle in der Eucharistiefeier, die nie durch einen Mann ersetzt werden könnte. Das wäre für Männer eine neue und gewiss fruchtbare Erfahrung: Die Geschlechter würden einander ergänzen und wären aufeinander angewiesen, könnten einander aber nicht ersetzen. (Mit der Einführung des Frauendiakonats wäre meine Idee allerdings schon wieder hinfällig.)

Die Reaktionen auf meinen Vorschlag reichten von Zustimmung bis hin zu heftiger Kritik: Wieder einmal würden Frauen mit einem billigen Hilfsdienst abgespeist. Das kann ich ehrlich gesagt nicht nachvollziehen, denn etwas Höherrangiges als das Evangelium kann es in der christlichen Liturgie gar nicht geben (Kapitel 4 und 10), allenfalls mögen andere Vollzüge wie das Hochgebet oder die Kommunion (Kapitel 12) einen gleichrangigen Stellenwert haben (SC 7). – Auf die noch weitergehende Kritik, ich hätte aufgrund meines Geschlechtes ohnehin kein Recht, mich zu Frauen in der Kirche zu äußern, kann ich naturgemäß inhaltlich nichts erwidern, da ich ja mit diesem Argument aus der Diskussion ausgeschlossen bin.

Auch im Hinblick auf Gemeindeleitung schiene mir ein ähnliches Modell sinnvoll. Die Letztverantwortung für eine Pfarrgemeinde läge dann nicht mehr allein beim Pfarrer als „Monarchen", sondern beispielsweise bei einem dreiköpfigen Leitungsgremium aus einem (männlichen) Presbyter, einer (weiblichen) Evangelistin und einer dritten Person: vielleicht einem männlichen Diakon, einer Expertin für Finanzfragen oder einer gewählten Gemeindevertreterin. Modelle von Dreier- oder ähnlich konstruierten Fünfergremien werden derzeit in einigen deutschsprachigen Bistümern entwickelt (Trier und Linz sind die Vorreiter), stoßen aber an Grenzen des katholischen Kirchenrechts, die während der Erstellung dieses Manuskripts noch einmal durch die päpstlichen Behörden eingeschärft wurden. Das Kirchenrecht ist meiner Meinung nach in diesem Punkt dringend reformbedürftig. Es gibt aktuell für die Ebene der Weltkirche, der Bistümer und der Pfarrgemeinden kein Leitungsmodell ohne eine letztverantwortliche und ganz allein entscheidende Einzelperson, die immer Presbyter (oder sogar Bischof) und somit männlich sein muss. Entgegen weit verbreiteter Vorstellung lassen sich aber in der Kirchengeschichte zahlreiche Beispiele dafür finden, dass Letztverantwortung in hohem Maß bei Laien, insbesondere auch bei Frauen liegen konnte bzw. dass Laien in gemeinschaftliche Entscheidungsprozesse eingebunden waren. Vor allem die Geschichte der Ordensgemeinschaften liefert überraschende Einsichten in das, was unter dem Dach der katholischen Kirche schon alles möglich war und ist.

Diakon außerhalb der Eucharistiefeier

Wie verhält es sich mit dem Diakon in nicht-eucharistischen Liturgien?

Die Leitung mancher dieser Liturgien ist wie die Eucharistiefeier dem Bischof oder Presbyter vorbehalten, zum Beispiel Firmung und Krankensalbung. Der Diakon kann allenfalls rituell assistieren, ähnlich wie in der Eucharistiefeier. Bei jenen Liturgien, die nicht Bischof oder Presbyter vorbehalten sind – Wort-Gottes-Feier, Tagzeitenliturgie, Taufe, Begräbnis, Trauung usw. –, ist der Diakon aufgrund seiner Ordination grundsätzlich zur Rolle des Vorstehers beauftragt (Kapitel 9).

Dabei gibt es einen rituellen Unterschied zu Vorstehern, die Laien sind (Kapitel 9). Der Diakon verwendet dieselben sprachlichen und gestischen Formen wie der Presbyter, zum Beispiel den Gruß *Der Herr sei mit euch* oder den Segensgestus mit ausgestreckten Händen.

Man kann es so zusammenfassen: Wo der Diakon Liturgievorsteher ist, tut er dies rituell *nach Art eines Presbyters*, nicht *nach Art eines Laien*. Die Ordination stellt den Diakon in ein rituelles Gegenüber zur Gemeinde (Kapitel 9), obwohl sein Leitungsauftrag nicht so umfangreich ist wie der des Presbyters. Der Diakon ist in dieser Hinsicht ein *Presbyter 2. Klasse*.

Ich halte diese Regelung für inkonsequent – sie wäre übrigens in den Ostkirchen unvorstellbar. Wenn der Diakon nicht Christus als *Haupt der Kirche* (Kapitel 8), sondern als *Diener aller* abbildet, dann sollte er nicht wie ein Ersatzmann für Bischof oder Presbyter in Szene gesetzt werden. Ich fände es viel einleuchtender, wenn Diakone Liturgien auf dieselbe rituelle Weise leiten würden wie Laien.

Fast 60 Jahre nach dem Konzil hat der Diakonat noch immer kein eindeutiges Profil erhalten. Das Amt mäandert hin und her zwischen *Presbyter-Ersatz* und *Sozialarbeiter*. Ich finde es höchst bedauerlich, dass a) die katholische Kirche das historische Vorbild des Frauendiakonats nicht positiv aufgreift, dass b) viele Diakone ihre liturgische Rolle nur unzureichend kennen und dass c) das Fehlen von Diakonen gar nicht als Verlust empfunden wird. Das Potenzial dieses Amtes bleibt daher unausgeschöpft. Das gilt nicht nur, aber besonders augenfällig in der Liturgie.

11 Studieren, Übersetzen, Bezeugen – die Predigerin/der Prediger

In Eucharistiefeier und Wort-Gottes-Feier folgt im Anschluss an die biblischen Lesungen die Predigt. In der Tagzeitenliturgie kann ebenfalls eine Predigt integriert werden, sie ist dort aber weniger gebräuchlich und trägt im Allgemeinen weniger zum Duktus der gesamten Liturgie bei.

Bei Bischöfen, Presbytern und Diakonen ist die Beauftragung zur Predigt im Gesamtpaket ihrer Ordination enthalten. Wer einen hauptberuflichen Dienst in der kirchlichen Seelsorge antritt – zum Beispiel als Pastoralreferentin oder Gemeindereferent in Deutschland oder als Pastoralassistentin in Österreich –, wird oft zugleich die Beauftragung als Liturgievorsteher (Kapitel 9) und als Prediger erhalten. Auch manche ehrenamtlich Tätige werden sowohl Liturgievorsteher (zum Beispiel für Wort-Gottes-Feiern oder für Begräbnisse) als auch Prediger.

Predigtdienst durch Vorsteher

Trotz dieser häufigen Überschneidungen mehrerer Rollen ist der Predigtdienst separat zu betrachten. Grundsätzlich gilt: Nur der Liturgievorsteher hat ein Anrecht darauf, die Predigt zu halten. Alle anderen predigen nur dann, wenn der Vorsteher diese Rolle von sich aus abgibt.

Predigt in der Eucharistiefeier und anderen Liturgieformen

Das Kirchenrecht verlangt, dass in einer Eucharistiefeier immer ein Bischof, Presbyter oder Diakon predigt. Das kann man als einen Ausdruck besonderer Wertschätzung für die Predigt verstehen, so wie auch der Eucharistievorsitz an die Ordination gebunden ist (Kapitel 3 und 8). In vielen Gegenden der Welt sind die Ordinierten ohnehin die einzigen, die eine theologische Ausbildung haben, die weltkirchliche Gesetzgebung betreibt hier also eine Art Qualitätssicherung. Auch der Zusammenhang von Kult und Sozialem (Kapitel 8) kann in dieser Regel zum Ausdruck kommen.

Vielerorts werden aber trotzdem auch Laien mit der Predigt in der Eucharistiefeier betraut. Gerade im deutschsprachigen Raum unterstützen viele Bischöfe ausdrücklich den Predigtdienst durch Laien, und sie haben gute Gründe dafür. Es gibt in den Gemeinden genügend Predigtkompetenz, und viele Presbyter und Diakone können froh sein, wenn sie diese Aufgabe nicht immer selbst übernehmen müssen. Es ist für sie entlastend und bereichernd, die Gedanken von jemand anderem hören zu können. Viele Hauptamtliche – etwa Pastoralreferenten – haben sogar eine umfassendere Predigtausbildung erhalten als ehrenamtlich tätige Diakone. Wenn diese Personen ihre Qualifikationen nicht zum Wohle aller in die Eucharistiefeier einbringen dürfen, ist das ein erheblicher Verlust für die Weitergabe des Wortes Gottes, und das kann doch eigentlich auch der kirchliche Gesetzgeber nicht wollen. Noch dazu sind pauschal alle Frauen vom Predigtdienst in der Eucharistiefeier ausgeschlossen – eine Ressource an Blickwinkeln und Lebenserfahrungen, auf die lebendige Gemeinden nicht verzichten sollten.

Abgesehen davon, dass vielerorts das Verbot der Laienpredigt schlichtweg nicht beachtet wird – für die Schweiz hat Papst Benedikt XVI. (2005–2013) es übrigens weitgehend aufgehoben –, haben sich auch Predigtformen etabliert, die einen kirchenrechtlichen Graubereich ausnutzen. Es gibt dann zum Beispiel eine zweigeteilte Predigt: Zuerst hält ein Ordinierter die offizielle liturgische Predigt, dann folgt ein *persönliches Glaubenszeugnis* durch eine Frau oder einen Mann. Wenn der erste Teil ganz kurz, der zweite aber sehr ausführlich ausfällt, wird offenkundig, dass das *Glaubenszeugnis* in Wahrheit die eigentliche Predigt ist. Es gibt daneben noch weitere Möglichkeiten, wie man die restriktiven Regeln für den Predigtdienst mehr oder weniger elegant umgehen kann.

Die Predigt und ihre Wirkung

Die Predigt ist von hoher Bedeutung für die Versammlung. Vor allem Gäste oder jene Gemeindemitglieder, die nur selten eine Liturgie mitfeiern, achten sehr genau auf jedes Wort der Predigt. Ihr Bild von der katholischen Kirche wird wesentlich durch das geprägt, was sie in der Predigt hören. Wer predigt, trägt Verantwortung für das, was seine Worte auslösen. In der sensiblen Stimmung einer Liturgie kann die

Wirkung gesprochener Worte viel größer sein als bei einem zufälligen Gespräch auf der Straße.

Wegen dieser großen Wirkung der Predigt ist es verständlich und sinnvoll, dass diese Rolle nicht von allen Getauften ausgeübt werden soll, sondern nur von jenen, die dafür eigens ausgebildet sind (Kapitel 3).

Homilie als Liturgie

Seit dem Konzil wird die Predigt wieder als Teil der Liturgie verstanden. Vor dem Konzil war es üblich, die Liturgie für die Predigt rituell zu unterbrechen (zum Beispiel indem man bestimmte Kerzen löschte und der Prediger bestimmte Gewandstücke ablegte). Es war, als würde man eine Pause einlegen und erst nach der Predigt die Liturgie wieder fortsetzen.

Die Predigt ist also Teil der Liturgie, genauer gesagt: Sie ist *selber eine liturgische Handlung*. Aus diesem Grund soll die Predigt eine *Homilie* sein. Das Wort stammt aus dem Griechischen, bedeutet eigentlich nur *Rede*, ist aber im Christentum zum Fachbegriff geworden. Es gibt nämlich verschiedene Arten von Predigten, und nicht jede Predigt ist eine Homilie. Durchaus populär sind beispielsweise Predigtreihen. Da werden etwa im Advent oder in der vorösterlichen Fastenzeit eigene Predigttermine angesetzt. Es handelt sich dabei nicht um Eucharistiefeiern oder Wort-Gottes-Feiern, sondern um eigens gestaltete *Predigtfeiern*, zu denen prominente Persönlichkeiten eingeladen werden, die dann unabhängig von einem liturgischen Zusammenhang zu einem Bibeltext oder einem Oberthema sprechen, das sie sich selber ausgesucht haben. Solche Predigten sind keine Homilien im Sinne der Liturgie.

Eine Homilie erwächst immer aus den zuvor verkündeten biblischen Texten oder anderen in ihrer Motivik auf die Bibel zurückgehenden liturgischen Elementen wie dem Hochgebet oder dem Tagesgebet. Die meisten Predigten fokussieren sich stark auf die Evangelienlesung. Die Homilie ist *Verheutigung* des biblischen Textes. Sie schlägt die Brücke zwischen der biblischen Botschaft und der Gemeindesituation hier und jetzt. Aufgabe der Homilie ist es nicht, etwas *über das Wort Gottes* zu sagen, sondern *selbst Wort Gottes zu sein*. Ein höherer Anspruch an menschliches Reden ist kaum vorstellbar.

Das Wort Gottes (Kapitel 4) begegnet dem Menschen durch Menschen: Die biblischen Autoren waren in derselben Weise Menschen wie eine Predigerin der Gegenwart ein Mensch ist. Wie jeder biblische Autor seine persönliche Wahrnehmung, seinen Wortschatz und seinen individuellen Stil eingebracht hat, tut dies auch eine Predigerin von heute. Wer predigt, ist ein Mensch mit Begabungen und Grenzen und mit persönlicher Glaubwürdigkeit oder Unglaubwürdigkeit. Wo ein Prediger anders handelt als er verkündet, kann das Wort Gottes unglaubwürdig werden – daher ist übrigens das Predigtverbot eine gar nicht so seltene kirchliche Strafe für Fehlverhalten von Bischöfen, Presbytern und Diakonen.

Kompetenzen für die Predigt

Für den Predigtdienst lassen sich nun einige Kompetenzen bestimmen. Niemand wird alle davon in gleicher Weise erfüllen können, aber es ergibt sich eine Orientierungshilfe, an der sich Prediger ein Leben lang weiterentwickeln können.

Zunächst: Es kann keine standardisierte Predigtkultur geben. Jeder Prediger kann, darf und muss einen persönlichen, glaubwürdigen Stil entwickeln und muss bereit sein, diesen Stil immer wieder an die eigene Persönlichkeit und Erfahrungswelt sowie an die konkrete Hörerschaft anzupassen.

Damit das Wort Gottes Frucht bringen kann, ist im Prinzip jedes rhetorische und mediale Mittel erlaubt, aber die Aufmerksamkeit der Versammlung soll mehr auf den Inhalt als auf die Form gerichtet werden. In seiner Enzyklika *Evangelii gaudium* ermuntert Papst Franziskus zur methodischen Kreativität beim Predigen, warnt aber zugleich davor, die Predigt zur „Unterhaltungsshow“ zu machen. (Übrigens ist der Abschnitt in *Evangelii gaudium*, der den Predigtdienst thematisiert, eine ausgezeichnete Zusammenfassung der Herausforderungen, vor denen Prediger stehen, und einiger methodischer Schritte, mit denen sie sich auf die Homilie vorbereiten können.)

Ausgangspunkt und Maßstab für die Predigt ist einzig und allein die Botschaft der Bibel. Wer die Predigt nutzt, um alles unterzubringen, wovon er schon immer überzeugt war und was er schon immer seiner Gemeinde sagen wollte, handelt übergriffig, überschreitet seine liturgische Rolle und macht die Versammlung zur Bühne für die persönliche Agenda. Dieser Gefahr können alle erliegen, und das ist im Grunde völlig menschlich. Das betrifft den Bischof, der es gewohnt ist, immer einen

Ehrenplatz zu bekommen. Das betrifft den Gemeindepfarrer, der seine Gemeinde nur einmal in der Woche vor sich versammelt hat und dann alles in die Predigt hineinpackt, was ihm gerade wichtig ist. Das betrifft die Theologieprofessorin, die nur einmal im Jahr zum Predigen eingeladen wird und deshalb gleich ein Best-of ihrer Vorlesungen und Forschungsarbeiten der letzten Monate präsentiert.

Prediger sollten in der Lage sein, die biblischen Texte im Original, also auf Hebräisch oder Griechisch zu lesen, um nicht auf Schwächen einzelner Übersetzungen hereinzufallen. Leider sind in der katholischen Kirche nur wenige Menschen in der hebräischen und griechischen Sprache trittsicher, selbst unter Theologiedozenten ist diese Fähigkeit nicht besonders weit verbreitet. Das Allermindeste sollte aber sein, in der Vorbereitung einer Predigt verschiedene Übersetzungen miteinander zu vergleichen, bibelwissenschaftliche Textkommentare zur Hand zu nehmen und zumindest wichtige Wörter im Originaltext zu erkennen und ihre Bedeutungsfülle zu erschließen.

Biblische Texte stehen immer im Zusammenhang der gesamten Bibel, daher ist für das Predigen eine gute allgemeine Bibelkenntnis nötig. In welchem Verhältnis steht ein Textabschnitt zu dem Abschnitt davor und dem dahinter? Auf welche anderen biblischen Stellen wird angespielt, wo wird ein Text in einem anderen Text wieder aufgegriffen? – Auch solche Kenntnisse lassen sich durch die Lektüre wissenschaftlicher Bibelkommentare gewinnen.

Der geistliche Umgang mit der Bibel ist wichtig: Offenheit für die biblische Botschaft; die Bereitschaft, sich auch auf Unbequemes einzulassen, das sich den eigenen Vorstellungen in die Quere stellt; keine Angst vor fremd wirkenden Texten; sich Zeit für die Texte lassen, sie mehrfach lesen, sie auf Spaziergänge und unter die Dusche mitnehmen; das Lesen mit Gebet verbinden. All das sind Methoden, durch die Prediger einüben können, sich zum Sprachrohr des Wortes Gottes zu machen, und der Versuchung zu widerstehen, es sich für die eigene Agenda zunutze zu machen.

12 Ernährung, Segnung, Krankenbesuche –

die Kommunionhelferin/der Kommunionhelfer

Neben dem Lektorendienst (Kapitel 4) gibt es noch eine weitere liturgische Rolle, für die man eigentlich immer ausreichend Freiwillige findet. Es handelt sich um jene Personen, die als Kommunionhelferin oder Kommunionhelfer – mancherorts auch Eucharistiehelferin oder Eucharistiehelfer genannt – das eucharistische Brot und den Wein reichen: in der Eucharistiefeier, in manchen Wort-Gottes-Feiern (nämlich jenen, die mit einer Kommunionspendung verbunden werden) und in Form der *Krankenkommunion* in Kliniken und Privatwohnungen.

Obwohl diese Rolle sehr beliebt und in ihrer Funktion eigentlich auch leicht zu erklären ist, ist sie doch mit vielen praktischen Herausforderungen verbunden.

Kommunionspendung in der Eucharistiefeier

In der Eucharistiefeier empfängt zuerst der Vorsteher die *Kommunion*, also jenes Brot und jenen Wein, über die zuvor das Hochgebet gesprochen wurde. Anschließend teilt er das Brot an die Mitfeiernden aus. Der Diakon reicht den Kelch mit Wein (Kapitel 10).

Der Vorsteher wird in dieser Rolle oft mit dem Bild des *Gastgebers* erklärt. Von einem guten Gastgeber erwartet man, dass er sich persönlich um seine Gäste kümmert. Der Diakon wäre demnach ein Helfer, der dem Gastgeber Aufgaben abnimmt, die dieser nicht selbst erfüllen kann.

Mit dem Bild des Gastgebers ist allerdings nur schwer vereinbar, dass der Vorsteher die Kommunion *als erster* empfängt, noch dazu, indem er sie sich selber nimmt. Für einen guten Gastgeber wäre das doch mehr als unverschämt.

Gemeinden, die den Vorsteher vor allem als Gastgeber verstehen, neigen daher dazu, die Reihenfolge umzukehren: Zuerst reicht der Vorsteher den anderen die Kommunion, erst danach empfängt er sie selbst. Das ist in der Tat eine schöne und unmittelbar einleuchtende Symbolik.

Die im Messbuch vorgesehene Reihenfolge – erst der Vorsteher, dann alle anderen – ist ein historisches Überbleibsel einer alten Vorstellung der Eucharistie als *Opferhandlung*. Das rituelle Opfer wird dadurch abgeschlossen, dass der, der es darbringt, selber von den *Opferfrüchten* genießt. Erst danach kann er überhaupt irgendetwas anderes tun.

Wer heute an dieser Reihenfolge festhält, kann dies aber auch mit einem anderen Bild verbinden: Der Vorsteher kann den anderen nur *geben*, weil er selbst *empfangen hat*. Damit bekommt die Rolle des Vorstehers den Charakter eines persönlichen Zeugnisses vor der Versammlung. Auch das ist zweifellos ein einleuchtendes Motiv.

Der empfangende Vorsteher

Leider ist die Erfahrung des *Empfangens* oder *Beschenktwerdens* immer dann völlig verkümmert, wenn der Vorsteher sich Brot und Wein *selber nimmt*. Solche „eucharistische Selbstbedienung“ war im späten 1. Jahrtausend selbst in der Papstliturgie undenkbar. Eine Rückbesinnung wäre wünschenswert: Egal ob als erster oder als letzter, der Vorsteher sollte die Kommunion nicht selber nehmen, sondern sie gereicht bekommen – sei es vom Diakon (wie in Rom vor 1200 Jahren) oder von einer Kommunionhelferin.

Vorsteher als erster Kommunionspender

Was aber weitgehend unstrittig ist: Die Kommunion an die Versammelten auszuteilen, ist zunächst einmal Aufgabe des Vorstehers. So selbstverständlich der Einsatz weiterer Kommunionhelfer auch geworden sein mag: Kein Kommunionhelfer hat einen Anspruch darauf, zum Zuge zu kommen. Wenn der Vorsteher es allein machen möchte, macht er es allein – wobei es natürlich mehr als unsensibel im menschlichen Umgang wäre, wenn ein Vorsteher eine Kommunionhelferin, die sich Wochen im Voraus in einen Dienstplan eingetragen hat, im letzten Moment wegschickt, weil er meint, auf sie verzichten zu sollen.

Kelchkommunion: ein Desiderat

Meist wird man erleben, dass der Vorsteher und ein oder zwei Kommunionhelfer an verschiedenen Orten im Kirchenraum die Brotkommunion reichen. Die Kelchkommunion ist in katholischen Gemeinden trotz der Weisung Jesu (Mt 26,27–28) nur beschämend selten zu finden. Das hängt mit philosophisch-theologischen Diskussionen zusammen, die im späten 1. Jahrtausend einsetzten und in denen es um die Frage ging, wie man sich die Gegenwart von Jesu Leib und Blut im Brot und im Wein (Mt 26,26–28) vorstellen müsse. Es setzte sich der zweifellos überzeugende Gedanke durch, dass Jesus Christus jedenfalls nicht *halb im Brot* und *halb im Wein* gegenwärtig ist, sondern *sowohl im Brot als auch im Wein*. Die heikle Prozedur des gemeinsamen Trinkens aus einem Kelch konnte man sich dann ersparen und sich auf das Austeilen des Brotes beschränken. In Auseinandersetzung mit verschiedenen Reformbewegungen des 2. Jahrtausends wurde das für lange Zeit zur Signatur des Katholizismus: Nur der Vorsteher trinkt aus dem Kelch, alle anderen nicht.

Diese philosophischen Diskussionen drängten die biblische Symbolik von Brot und Wein in den Hintergrund. Das Brot ist eine aufs Wesentliche reduzierte Erfahrung des Ernährtwerdens durch eine von der Natur – und damit letztlich von Gott – gegebene Gabe. Der Wein hingegen ist Symbol für die vorausgeschaute himmlische Herrlichkeit (Jes 25,6–9, Ps 116,10–19), kann aber zugleich an das Blutvergießen Jesu erinnern (Mt 26,36–39).

Kommunionhelfer sollten mit solchen biblischen Grundlagentexten vertraut sein und energisch dafür eintreten, dass die Kelchkommunion endlich zur Selbstverständlichkeit wird. Die derzeitige Zwei-Klassen-Gesellschaft – der Vorsteher nimmt sich selber Brot und Wein, während alle anderen nur das Brot bekommen – entbehrt jeder biblischen Grundlage und ist eine verheerend klerikalistische Symbolik. Wird die Kelchkommunion eingeführt, hat das auch den Nebeneffekt, dass der Vorsteher die Kommunionspendung ohnehin nie alleine vornehmen kann, sondern immer von Kommunionhelfern ergänzt werden muss. Da es deutlich länger dauert, aus dem Kelch zu trinken als sich ein Stück Brot reichen zu lassen, empfiehlt es sich, pro Brotkommunionspender zwei Kelchkommunionspender einzuplanen.

Konkurrenz zwischen Ordinierten und Laien

Kommunionhelfer in der Eucharistiefeier gibt es erst seit dem Konzil. Die Popularität dieses Dienstes könnte daran liegen, dass man dabei nicht öffentlich sprechen muss – da gibt es dann keine große Hemmschwelle zu überwinden.

In der Praxis erlebt man leider oft eine irritierende Verhaltensweise: Gemeindemitglieder, die sich für besonders fromm halten, gehen auf den absurdesten Wegen durch den Kirchenraum, weil sie die Kommunion unbedingt aus der Hand eines Ordinierten empfangen möchten. (Die Gegenreaktion dazu gibt es auch, aber deutlich seltener.) Brot und Wein zu reichen, das ist ein intimes Geschehen, es ist eine Form körperlicher Kommunikation. Trotzdem ist jeder, der die Kommunion reicht, in erster Linie ein *Medium*: Vermittler zwischen Christus und den Versammelten. Durch gemeinsames Essen und Trinken erfahren Menschen Gemeinschaft miteinander und mit Christus. So werden sie zur *communio*, zur Gemeinschaft der Kirche. Sie bilden durch die Eucharistie das Leben in Fülle, Frieden und Einheit ab, wie es am Ziel aller christlichen Hoffnung steht. Wer die Kommunion unbedingt von seiner Lieblingsperson oder jedenfalls von einem Ordinierten gereicht bekommen will, hat daher etwas Wesentliches nicht verstanden. Die Gemeinde wird diese Menschen mittragen und tolerieren, aber fördern sollte man solches Verhalten auf keinen Fall.

Handkommunion und Mundkommunion

Nun zu den praktischen Herausforderungen: Wie reicht man das Brot?

Dafür gibt es zwei Arten: Das Brot wird auf die Zunge gelegt *(Mundkommunion)* oder auf die Handfläche, von wo es die Person dann selber in den Mund führt *(Handkommunion)*. Vor dem Konzil wurde nur die Mundkommunion praktiziert. In ihr zeigte sich die sehr alte Vorstellung, dass der Mensch unwürdig sei, dieses Brot mit den Händen zu berühren und dass zudem die Gefahr groß sei, das Brot versehentlich fallenzulassen und Christus buchstäblich „in den Staub zu werfen" oder „mit Füßen zu treten". Das Hantieren mit diesem heiligen Brot überließ man den Spezialisten, also den Ordinierten mit ihren „geweihten Händen". Alle anderen sollten im wahrsten Sinne des Wortes besser die Finger davon lassen.

Als – übrigens ausgehend von den Niederlanden – in der Konzilszeit die Handkommunion erlaubt wurde, berief man sich auf Vorbilder aus der Antike und verwies darauf, dass die Mundkommunion eine Art des Fütterns darstelle, die vielleicht zu Babys, aber nicht zu erwachsenen Menschen passe, die eigenständig Verantwortung für ihr Christsein übernehmen.

Die Wahl zwischen Mund- und Handkommunion liegt bei dem, der die Kommunion empfängt. Im deutschen Sprachraum bevorzugen die meisten Katholiken die Handkommunion.

Kommunionhelfer müssen mit beiden Formen souverän umgehen können. Die Mundkommunion ist insofern eine besondere Herausforderung, als manche Menschen den Mund nicht weit genug öffnen und die Zunge nicht zumindest ein wenig herausstrecken, so dass man ihnen fast schon in die Mundhöhle greifen muss, um dort die Brotkommunion abzulegen: ein sehr unhygienischer Vorgang, der manchen Kommunionspender Überwindung kostet. Menschen, die die Mundkommunion empfangen, knien sich dabei häufig hin – auch das kann zusätzliche praktische Schwierigkeiten mit sich bringen. Aus hygienischen Gründen war die Mundkommunion während der COVID-19-Pandemie in den Jahren 2020 und 2021 sinnvollerweise flächendeckend verboten, obwohl das liturgische Recht sie eigentlich immer noch als Hauptform ansieht.

Bei der Handkommunion ist die Durchführung deutlich einfacher. Abgesehen vom Umgang mit Menschen, die aufgrund körperlicher Beeinträchtigungen besondere Hilfe brauchen, sind die Herausforderungen nicht besonders groß. Man bekommt allerdings gelegentlich mit, dass Menschen die Brotkommunion anschließend gar nicht zum Mund führen, sondern heimlich mitnehmen. Manche tun das in frommer Absicht, andere aber, um sich nach Art einer Trophäenjagd über die bizarren Riten der Katholiken lustig zu machen. Vor diesem Hintergrund sollten Kommunionhelfer auch einen Blick darauf haben, dass die Kommunizierenden nicht allzu schnell mit dem Brot in der Hand verschwinden, sondern es wirklich zum Mund führen.

Kelchkommunion: praktische Herausforderungen

Die Handhabung der Kelchkommunion ist deutlich schwieriger. Viele Katholiken verzichten grundsätzlich auf die Kelchkommunion, weil sie das gemeinsame Trinken aus demselben Gefäß für unhygienisch halten (eine wegen des Alkoholgehalts des Weines weitgehend unbegründete Sorge) oder jedenfalls Hemmungen verspüren, oder weil sie diese Form einfach nicht gewohnt sind und sich dabei hilflos fühlen.

Die häufigste Form der Kelchkommunion besteht darin, dass die Kommunionhelferin den Kelch in die Hände der Empfängerin gibt, diese führt den Kelch zum Mund, trinkt ein wenig und reicht den Kelch wieder zurück. Die Kommunionhelferin wischt die Stelle, an der die Lippen angesetzt waren, mit einem Tuch ab und dreht den Kelch etwas, um ihn dann der nächsten Person zu reichen. – Diese Form ist in der Durchführung relativ unproblematisch.

Ebenfalls verbreitet ist folgende Form: Wer das Brot empfangen hat, behält es in der Hand, geht zum Kelchkommunionspender, taucht das Brot in den Kelch ein und führt es dann zum Mund. Diese Variante ist in der liturgischen Ordnung nicht vorgesehen und es sprechen auch einige Gründe dagegen: Erstens geht die Symbolik des Trinkens verloren, zweitens kann ein von Wein triefendes Brotstück schnell tropfen und drittens ist es tatsächlich unhygienisch, wenn mehrere Personen nacheinander mit ihrer ganzen Hand in einen Kelch hineingreifen und diesen dabei dann fast unweigerlich auch berühren.

Das Messbuch kennt zwei weitere Alternativen, die aber im deutschen Sprachraum kaum verbreitet sind: Die Kelchkommunionspenderin kann direkt neben der Brotkommunionspenderin stehen. Letztere nimmt das Brot, taucht es in den Kelch ein und reicht dann das mit Wein getränkte Brot als Mundkommunion. (Diese Form findet man so ähnlich auch in vielen Ostkirchen.) Diese Variante dürfte sich schon deswegen nicht durchsetzen, weil mit ihr keine Handkommunion mehr möglich ist, und die Erfahrung des Trinkens fehlt ebenfalls. Die letzte Alternative besteht in der Verwendung individueller liturgischer „Strohhalme", mit denen die Einzelnen den Wein aus dem Kelch saugen. In der Praxis habe ich das noch nie erlebt und ich kann mir kaum vorstellen, dass hier nicht erhebliche hygienische Bedenken vorzubringen sind.

Außerhalb der katholischen Kirche habe ich auch schon Folgendes erlebt: Der Kelchkommunionspender führt den Kelch selbst an den Mund des Empfängers: eine ziemlich komplizierte Prozedur, vor allem, wenn beide Personen unterschiedlich groß sind. Ebenfalls in Gebrauch ist das Umfüllen aus einem einzigen großen Kelch in viele winzige Becher, die dann verteilt, individuell getrunken, wieder eingesammelt und später gereinigt werden. So lassen sich hygienische Bedenken leicht umgehen. Auf Neulinge wirkt diese Form bizarr, weil die kleinen Portionsbecher spontan an Schnapsgläser erinnern. Im Zuge der COVID-19-Pandemie halte ich es aber für durchaus denkbar, dass diese Form auch Eingang in die katholische Kirche findet, und wenn man sie erst einmal gewöhnt ist, findet man auch nichts Irritierendes mehr daran.

Zulassung zur Kommunion

Wer ist in der katholischen Kirche zur Kommunion zugelassen und was folgt daraus für den Dienst der Kommunionhelfer?

Die erste Grundregel lautet: In der katholischen Kirche sind jedenfalls diejenigen zur Kommunion zugelassen, die selbst katholisch sind und nicht der Kirchenstrafe der *Exkommunikation* (Ausschluss von der Kommunion) unterliegen.

Was ist mit Christen, die einer anderen Kirche angehören? Nach katholischem Kirchenrecht dürfen auch orthodoxe und orientalische Christen die Kommunion empfangen, also etwa russisch-orthodoxe, griechisch-orthodoxe oder koptische Christen. Allerdings steht dies im Widerspruch zur internen Ordnung dieser Kirchen, die ihren Mitgliedern in aller Regel die katholische Kommunion nicht erlauben. Man sollte also orthodoxe oder orientalische Gäste im katholischen Gottesdienst nicht zur Kommunion einladen und ihnen schon gar nicht die Kommunion aufdrängen, denn damit bringt man sie in Konflikt mit ihrer eigenen Kirche und möglicherweise sogar mit ihrem eigenen Gewissen.

Der weitaus häufigere Fall im deutschen Sprachraum sind aber evangelische Christen, und hier gibt es eine auffällige Ungleichheit. Die meisten evangelischen Kirchen lassen nämlich nicht-evangelische Christen zum Empfang der Eucharistie zu. Da scheint es mehr als angemessen, diese Einladung entsprechend zu erwidern. Dem steht aber das katholische Kirchenrecht entgegen, das anders als bei den oben genannten orthodoxen und orientalischen Kirchen (mit denen die katholische Kirche laut dem Konzil mehr Übereinstimmung im Kirchen- und Eucharistieverständnis hat als mit den evangelischen Kirchen) die Zulassung zur katholischen Kommunion nur *in Todesgefahr* oder *bei einer anderen schwerwiegenden Notwendigkeit* erlaubt. Es ist in der katholischen Kirche äußerst umstritten, was eine solche *Notwendigkeit* sein soll und wie man sie feststellen kann. Aktuell zeichnet sich unter den Bischöfen im deutschsprachigen Raum folgende Mehrheitsmeinung ab: Die Herausforderung für katholisch-evangelische Ehepaare, sich als Lebensgemeinschaft auf zwei Kirchen aufteilen zu müssen, ist für sich genommen schon so gravierend, dass evangelische Ehepartner zur katholischen Kommunion zugelassen werden sollten, wenn sie von sich aus darum bitten. Es gibt aber auch strengere Auslegungen, die dem entschieden widersprechen.

Weit verbreitet ist die Ansicht, dass das katholische Kirchenrecht in diesem Punkt ausgrenzend, unbarmherzig und demütigend ist und komplett ignoriert werden sollte. Die Praxis zeichnet hier jedenfalls ein anderes Bild als das katholische Kirchenrecht vorsieht, und das wird von den meisten als menschlich, gastfreundlich und als angemessenes Zeichen der Verbundenheit im Glauben angesehen. Auch theologische Stellungnahmen der jüngsten Zeit gehen eindeutig in diese Richtung und plädieren für eine weitgehende Öffnung der katholischen Eucharistie für nichtkatholische Christen.

Ganz so einfach sollte man es sich meiner Meinung nach aber dann doch nicht machen. Die Eucharistie ist keine sättigende Mahlzeit, die möglichst viele Menschen erfreuen soll, sondern ein rituelles Geschehen, in dem sich die Versammlung als Kirche bildet: Hier geschieht *communio* (Gemeinschaft) mit Christus und mit den anderen, mit denen man gemeinsam die Kirche bildet. Das Ritual verlangt, beim Kommunionempfang die Aussage *Der Leib Christi* bzw. *Das Blut Christi* mit *Amen* persönlich zu bestätigen (Kapitel 2). Dieses Geschehen schließt zeitlich und sachlich an das Hochgebet an, das seinerseits mit *Amen* bestätigt wurde.

Demnach verlangt die Kommunion *persönlichen Glauben* und *gemeinschaftliches Kirchesein*. Nun kann man durchaus die Ansicht vertreten, dass dieses Kirchesein schon durch die Taufe gegeben ist, und zwar unabhängig davon, welcher konkreten christlichen Kirche man angehört – das wäre in etwa die derzeitige evangelische Position. Aber auch die gegenteilige Position ist nicht ohne Plausibilität: Wenn Christen gemeinsam Eucharistie feiern, obwohl sie unterschiedlichen Richtungen mit unterschiedlichen Bekenntnistexten und einer Geschichte von Streitfragen und nicht überwundenen Kirchenspaltungen angehören, dann drücken sie im Ritual eine Einheit aus, die *real* gar nicht besteht – anders gesagt: Sie machen sich, Gott und der Welt etwas vor.

Das innerkatholische Ringen um die Praxis der Kommunionzulassung bewegt sich zwischen diesen Positionen, und die Beteiligten sollten zumindest die Argumente der Gegenseite ernst nehmen und nicht – wie es leider viel zu oft geschieht – pauschal herabwürdigen. Wohin der Weg führt, wird die Zukunft zeigen. Katholisches Kirchenrecht und katholische Gemeindepraxis fallen jedenfalls deutlich auseinander, und die Diskussionen werden mit großer Heftigkeit geführt.

Praktische Konsequenzen

Was heißt das nun für die einzelnen Kommunionhelfer? Brauchen sie ein halbes Theologiestudium mit einem Spezialkurs in Kirchenrecht, um ihre liturgische Rolle sachgerecht auszuüben? Zum Glück nicht, denn es gibt in der katholischen Kirche auch das *Grundrecht auf Sakramentenempfang*, und das zentrale Sakrament (übersetzbar in etwa als *Heilszeichen* im Sinne einer *Erfahrung der Zuwendung Gottes*) ist die Eucharistie. Es steht einer Kommunionhelferin nicht zu, darüber zu urteilen, ob die Menschen, die vor ihr stehen, die Kommunion auch wirklich empfangen dürfen oder nicht. Das müssen diese Menschen letztlich mit Gott und ihrem Gewissen ausmachen. Insofern gilt für die Praxis die einfache Grundregel: Wer die Kommunion empfangen möchte, dem ist sie zu reichen.

Allerdings wird das jetzt doch noch einmal komplizierter, sobald es um Kinder geht. Kinder sind nämlich mit der Taufe nicht automatisch zur Kommunion zugelassen, sondern müssen eigens darauf vorbereitet werden. Die *Erstkommunion* der Kinder – meist im Grundschulalter – hat sich in den letzten Jahrhunderten zu einem großen Gemeinde- und Familienfest entwickelt. Die katholischen Ostkirchen (Kapitel 1) lassen Kinder allerdings schon ab der Säuglingstaufe zur Kommunion zu, und – jetzt wird es wirklich vertrackt – diese Kinder dürfen dann auch in römisch-katholischen Eucharistiefeiern die Kommunion empfangen. (Das ist gar nicht so theoretisch, wie es scheint, sondern kommt durchaus immer wieder mal vor.)

Komplizierter geht es kaum, und da ist es nachvollziehbar, dass das katholische Kirchenrecht in Sachen Kommunionzulassung kein besonders gutes Image genießt. Kommunionhelfer sollten sich aber zumindest in Grundzügen darin auskennen, damit sie ihre Rolle verantwortungsvoll ausüben und darüber auch auf Nachfrage Rechenschaft ablegen können.

Nimmt man alles zusammen, dann lassen sich ein paar grundlegende Gedanken festhalten: Man dränge die Kommunion niemandem auf, insbesondere denen, von denen man weiß, dass sie nicht katholisch sind, aber man weise auch niemanden ab. Die einzigen, die man abweisen soll – aber auch das immer respektvoll und mit einem freundlichen Wort – sind kleine Kinder (auf die aber meistens ohnehin die Eltern achten) und zum Beispiel offensichtlich Betrunkene, die von vornherein keinen angemessenen Bezug zum liturgischen Ritual haben.

Wer die Kommunion nicht empfängt

Was ist mit denen, die die Kommunion nicht empfangen möchten? Meist ergibt sich das von selbst: Die Kommunion wird vor dem Altar oder an anderen Orten im Kirchenraum ausgeteilt. Wer auf seinem Platz bleibt, empfängt die Kommunion eben nicht und fällt auch nicht weiter auf. Daneben verbreitet sich aber mittlerweile eine andere Praxis, vor allem bei Kindern: Wer die Kommunion nicht empfangen möchte, geht zwar zum Kommunionspender, kreuzt aber die Hände vor der Brust. Diesen Menschen sollte die Kommunionhelferin dann einen Segen zusprechen, etwa durch das Auflegen der Hand, durch das Zeichnen eines Kreuzessymbols auf die Stirn, durch eine gesprochene Segensformel oder ein kurzes freundliches Wort. Hier ist es empfehlenswert, wenn alle Kommunionspender eine gemeinsame Vorgehensweise verabreden, damit es nicht zu Missverständnissen oder einer Art Konkurrenz kommt.

Agape

Ich fände es wünschenswert, einen Brauch wiederzubeleben, den die Ostkirchen auch heute noch kennen, dessen letzte Reste in Westeuropa aber im 19. Jahrhundert verloren gegangen sind. Neben dem eucharistischen Brot und dem eucharistischen Wein steht weiteres Brot bereit – es kann sogar eigens während der Eucharistiefeier gesegnet werden –, das nach dem Ende der Eucharistiefeier an alle ausgeteilt wird. Manchmal gibt es dazu auch Wein, Wasser oder Saft. Diese Form heißt *Agape* (griechisch *Nächstenliebe*). Wie jedes gemeinsame Essen und Trinken stiftet sie Gemeinschaft unter Menschen und schafft Raum für Begegnung und

Kommunikation. In orthodoxen Kirchen wird die Agape nach dem Ende der Liturgie durch den Vorsteher an alle einzelnen verteilt – er kommt bei dieser Gelegenheit auch gleich mit allen kurz ins Gespräch –, man bleibt dann noch zwanglos im Kirchenraum, isst sein Brot und plaudert miteinander. Ich habe einmal eine katholische Trauung miterlebt, bei der zum Schluss Brot und Wein gesegnet wurden; anschließend zogen die Trauzeugen mit diesem Brot und Wein vor die Kirchentüren und empfingen dort alle Mitfeiernden. So konnte die Liturgie noch etwas nachwirken, alle kamen miteinander ins Gespräch und konnten sich ein wenig leiblich stärken, ehe es dann für die geladenen Gäste zum „weltlichen" Teil der Hochzeit mit Festmahl und Tanz weiterging. Manche Gemeinden organisieren nach dem Sonntagsgottesdienst ein „Pfarrcafé" im Pfarrsaal mit Kuchen, Kaffee und Spielen für die Kinder. So etwas braucht dann schon deutlich mehr organisatorischen Aufwand, schließt aber im Grunde ebenfalls an die Tradition der Agape an, auch wenn es den Beteiligten vielleicht gar nicht bewusst ist.

Wo die Kultur der Agape gepflegt wird, verlieren ganz nebenbei auch die Regeln für die Kommunionzulassung an Schärfe. Die *rituelle Kommunion* ist dann sozusagen ein Akt der katholischen „Kerngemeinde" – so wie bei einer Vereinsversammlung nur Vereinsmitglieder Stimm- und Rederecht haben –, die anschließende *Agape* ist dagegen ein gemeinsames Essen und Trinken, zu dem auch die Gäste eingeladen sind, so wie man bei einer Vereinsversammlung ja ebenfalls Gäste eigens begrüßt und bewirtet und nach dem Ende der Sitzung noch zusammenbleibt, isst und trinkt.

Heruntergefallenes Brot, verschütteter Wein

Manche Kommunionhelfer scheuen den Umgang mit dem Kelch, weil es leicht passieren kann, dass etwas Wein verschüttet wird. Zum Glück hat die katholische Kirche jene Zeiten überwunden, in denen man Sorge hatte, Gott zu beleidigen oder ihm Schmerzen zuzufügen, wenn etwas von der Eucharistie zu Boden fiel. Trotzdem braucht es einen sachgemäßen Umgang mit zentralen liturgischen Symbolen. Man würde ja auch das Hochzeitsfoto, das im Wohnzimmer von der Wand fällt, nicht achtlos am Boden liegen lassen, sondern es schnell aufheben, es wertschätzend behandeln und so bald wie möglich wieder aufhängen. In aller Regel findet sich mit etwas Achtsamkeit und Hausverstand auch in der Liturgie stets eine praktikable Lösung, falls eucharistisches Brot zu Boden fällt oder Wein verschüttet wird. Kirchlicherseits ist vorgesehen, dass man von schmutzigem Boden aufgehobenes Brot oder aufgewischten Wein zunächst sicher aufbewahrt, falls nötig trocknen lässt – verwendete Tücher sollen danach verbrannt werden – und dann die Überreste dem Erdreich zuführt. Das klingt etwas kompliziert, ist aber eigentlich ein naheliegendes Zeichen: Liturgische Symbole sind der Natur – religiös gesprochen: der Schöpfung – entnommen. Sobald sie für die Liturgie unbrauchbar geworden sind, werden sie der Natur und damit dem Schöpfer zurückgegeben. In alten Kirchen gibt es dafür eine eigene architektonische Einrichtung, das *Sakrarium*, einen Schacht, der direkt ins Erdreich führt.

Um Missgeschicke zu vermeiden, sollten Kommunionhelfer praktische Übungen machen, ehe sie ihren Dienst beginnen: Welche Schalen und Kelche gibt es? Wie halte ich sie in der Hand, wie gewinne ich Stabilität bei sehr schweren oder sehr leichten Gefäßen? Wie gehe ich mit Menschen um, die stark zittern, gelähmt sind oder geistigen Einschränkungen unterliegen? Alles das darf, soll und kann erprobt und geübt werden, damit das Geschehen der Kommunionspendung seine volle Erfahrungsqualität entfaltet.

Gestaltung der Kommunion im Gottesdienstraum

Die Kommunionhelfergruppe einer Gemeinde sollte eigene Ideen für die konkrete Gestaltung der Kommunion entwickeln können und dürfen. Muss es wirklich das allgegenwärtige Schlangestehen im Mittelgang der Kirche sein? In dieser Form sind die Empfangenden nur mit sich selbst beschäftigt, haben wenig Kontakt zueinander und holen sich die Kommunion wie ein Ticket am Schalter ab. Mancherorts gibt es Versuche, die Versammlung gruppenweise um den Altar treten zu lassen, wo dann alle die Kommunion gereicht bekommen und gemeinsam den Altarbereich wieder verlassen. Solche Ideen dürften in die richtige Richtung gehen, damit die Kommunion nicht nur als persönlicher Frömmigkeitsakt, sondern als Gemeinschaft stiftendes Geschehen erfahren werden kann. Nimmt eine Gemeinde allerdings allzu spezielle „Eigenkreationen“ vor, werden wortreiche Erklärungen nötig, Gäste werden verunsichert und insgesamt wird mehr vom Geschehen abgelenkt als zu ihm hingeführt. Eine ideale Variante hat sich jedenfalls noch nicht durchgesetzt, es sind immer auch die Gruppengröße, die Raumgröße, die Gesamtgestaltung des Kirchenraums und die Gewohnheiten der Versammelten zu berücksichtigen.

Krankenkommunion

Kommunionhelfer führen auch *Krankenkommunionen* durch: Kommunionspendung in Privatwohnungen oder in Kliniken für all jene, die krankheitsbedingt nicht an der Eucharistiefeier teilnehmen können. Die Antike kannte mancherorts den Brauch, dass Gemeindemitglieder am Sonntag eucharistisches Brot aus der Liturgie mitnehmen konnten, um es zu Hause aufzubewahren und während der Woche davon zu nehmen oder es kranken Familienangehörigen zu reichen. Flächendeckend durchgesetzt hat sich das nicht, im Gegenteil: Das Brot wurde zunehmend in eigens gestalteten und gesicherten Gefäßen aufbewahrt, besonders dem *Tabernakel* (lateinisch *Häuschen* oder *kleines Zelt*), den es heute noch in fast jedem Kirchenraum gibt. Außerdem durften nur noch Ordinierte dieses Brot an sich nehmen und es den Kranken und Sterbenden bringen. Seit dem Konzil dürfen dies nun auch die Kommunionhelfer.

Ideal wäre es, wenn die Kommunionhelfer am Sonntag direkt aus der Eucharistiefeier zu den Kranken „ausschwärmen“ würden. So wäre die Verbindung der Krankenkommunion zur Eucharistiefeier am deutlichsten sichtbar.

Meist wird die Krankenkommunion aber nicht an die sonntägliche Eucharistiefeier angehängt, sondern individuell an anderen Wochentagen durchgeführt. Wo eine Kommunionhelferin in dieser Form die Kommunion überbringt, wird sie automatisch zur Liturgievorsteherin (Kapitel 9). Sie hält eine kleine Liturgie im privaten Kreis oder im Krankenzimmer. Für solche Kommunionfeiern gibt es eigene liturgische Vorgaben, die hier nicht näher besprochen zu werden brauchen. Für diese Aufgabe werden Kommunionhelfer eigens geschult.

Kommunion aus dem Tabernakel

A propos Tabernakel: Die Brotkommunion, die im Tabernakel aufbewahrt wird, ist nur für die Kranken gedacht. Es ist ein historisch gewachsener Nebeneffekt, dass der Tabernakel auch zum privaten Gebet aufgesucht werden kann und dass das Brot in eigenen liturgischen Formen öffentlich gezeigt und verehrt wird *(Eucharistische Anbetung)*. Es ist eine grobe Unsitte, größere Mengen Brot im Tabernakel aufzubewahren und dann *in der Eucharistiefeier* zu reichen. Schon das Konzil hat sich deutlich gegen diese Praxis gewendet (SC 55), die aus purer Bequemlichkeit entstanden ist, weil man dann nicht mehr genau bemessen muss, wie viel Brot man für die Eucharistiefeier benötigt. Man kann ja jederzeit aus dem Tabernakel auffüllen – als gäbe es keinen Zusammenhang zwischen dem Kommunionempfang und dem zuvor gesprochenen Hochgebet über Brot und Wein. Es wäre schön, wenn die Kommunionhelfer als *Anwälte der Eucharistie* darauf achten würden, dass das im Tabernakel aufbewahrte Brot nicht in Eucharistiefeiern herbeigeholt, sondern nur für die Krankenkommunion verwendet wird.

Kommunion und Wort-Gottes-Feier

Zum Schluss noch ein Blick in die Wort-Gottes-Feier. Wird die Wort-Gottes-Feier mit einer Kommunionspendung „aus dem Tabernakel" verbunden, tun die Kommunionhelfer genau das, was sie auch in der Eucharistiefeier tun – nur die Kelchkommunion fällt weg, weil eucharistischer Wein grundsätzlich nicht aufbewahrt, sondern sofort konsumiert wird.

Die Verbindung aus Wort-Gottes-Feier und Kommunionspendung steht massiv in der Kritik, vor allem durch Bischöfe und Liturgiewissenschaftler (die ansonsten keineswegs immer derselben Meinung sind). Manche Bischöfe haben diese Kombination sogar ausdrücklich untersagt.

Der erste Grund für diese Kritik ist den Überlegungen zur Tabernakelkommunion (siehe oben) vergleichbar. Die Kommunion schließt sachlich an das Eucharistische Hochgebet an, oder anders: Das Eucharistische Hochgebet zielt auf die Kommunion. Dieser Zusammenhang war dem Konzil besonders wichtig, denn die Integrität der Eucharistiefeier in ihrem inneren Aufbau sollte wieder deutlicher erfahrbar werden. Wenn die Kommunionspendung gewohnheitsmäßig von Eucharistiefeier und Hochgebet gelöst wird, gerät dieser Zusammenhang aus dem Blickfeld. Die Kirche verfällt dann in vorkonziliare Praktiken, die die Kommunion wie eine Art magisches Ritual behandelten, auf das man ganz nach Wunsch ohne passenden Kontext zurückgreifen kann. Kurz gesagt: Die Kommunion gewohnheitsmäßig aus der Eucharistiefeier herauszulösen, wird weder der Bedeutung der Eucharistiefeier noch der Kommunion selbst gerecht.

Der zweite Grund ist, dass durch die Verbindung von Wort-Gottes-Feier und Kommunion der Eindruck entsteht, das Wort Gottes sei kein ausreichender Grund für eine liturgische Gemeindeversammlung und müsse erst noch durch die Kommunion „vervollständigt" werden – und das wird dem Stellenwert der Bibel nicht gerecht (Kapitel 4).

13 Kerzen, Weihrauch, Spielzeugteller – die Ministrantin/der Ministrant

Kleine und größere Kinder, die in farbigen barocken Gewändern um den Liturgievorsteher herumwuseln oder in militärischer Strenge aufgereiht dastehen und genau einstudierte Handgriffe übernehmen: Das ist das Bild, das man von Ministrantinnen und Ministranten (auch Messdienerinnen und Messdiener oder seltener Altardienerinnen und Altardiener genannt) gewinnen kann. Bei älteren Männern kommt die Erinnerung an die eigene Ministrantenzeit dazu, bei Frauen eher seltener, weil Ministrantinnen nach dem Konzil nur langsam – mancherorts gegen erhebliche Widerstände – eingeführt und vom Papst erst im Nachhinein erlaubt wurden.

Kinder und Erwachsene als Ministranten

Jedenfalls ist der Ministrantendienst üblicherweise eine Sache für Kinder, sozusagen eine pädagogische Maßnahme, damit den Kindern in der Liturgie nicht langweilig wird und sie nebenbei Kompetenzen erlernen, die in vielen Feldern anwendbar sind. Viele Schauspieler, Politiker und Showstars berichten davon, dass die katholische Kirche der erste Ort war, an dem sie gelernt haben, öffentlich vor Menschen aufzutreten und mit Lampenfieber umzugehen.

Es spricht nichts dagegen, dass Kinder die Ministrantenrolle übernehmen, trotzdem wäre es völlig verkehrt, diesen Dienst als ein kirchliches „Kinderspiel“ zu verstehen.

Je mehr sich die katholische Kirche über ihre Priester definierte (Kapitel 2), umso mehr wurden die früheren niederen Weihen (Kapitel 3) als reine Vorstufen zum Priesteramt verstanden. Von dort entwickelte sich der Brauch, rund um den Altar und den Liturgievorsteher nur männliche Kinder – also „potenzielle Priester“ – ins Zeremoniell einzubinden. Nach Kindheit und Jugend entschied sich der weitere kirchliche Weg: Entweder der Jugendliche trat ins Priesterseminar ein, oder er ergriff einen anderen Beruf und heiratete mit hoher Wahrscheinlichkeit recht bald. Wer aber kein potenzieller Priester war, für den gab es am Altar keinen Bedarf, und damit kam die nächste Generation von Knaben an die Reihe.

Vielerorts ist es dabei geblieben, außer dass dann auch Mädchen dazugekommen sind. Die auffälligen Ministrantengewänder liegen in vielen Kirchen ohnehin nur in Kindergröße bereit (Kapitel 15).

Erwachsene werden nicht Ministranten, sondern Lektoren, Kommunionhelfer, Chorsänger oder Kantoren. Das ist schade, denn so verfestigt sich der Eindruck, dass die von den Ministranten übernommenen Handlungen keine ernsthafte Bedeutung haben, sondern eigentlich nur eine pädagogische Maßnahme sind. Diese Vorstellung ist allerdings unpassend.

Weihrauch

Ministranten tragen Weihrauch und assistieren dem Liturgievorsteher, wenn er Altar, Kreuz und andere symbolisch aufgeladene Orte im Raum beweihräuchert (*inzensiert*, von lateinischen *incensum*, Weihrauch). In Eucharistiefeiern ohne Diakon inzensieren die Ministranten während der Gabenbereitung den Vorsteher und die Gemeinde, mancherorts auch während des Hochgebetes das eucharistische Brot und den Wein.

Für die Verwendung von Weihrauch gibt es eine praktische Begründung: Er vertreibt schlechte Gerüche.

Es gibt auch eine historische Begründung: Weihrauch wurde in der Antike als Geste der Ehrung für einen Herrscher verwendet. Christen konnten durch den Weihrauch öffentlich zeigen, dass sie Christus in allen Formen seiner Gegenwart verehren. Dazu gehören liturgische Objekte wie das Evangeliar und die eucharistischen Gaben von Brot und Wein, aber auch Menschen wie der Liturgievorsteher und – ganz grundlegend – die Versammlung insgesamt.

Es gibt für den Weihrauch auch eine biblische Begründung: Er stellt das Gebet zu Gott dar (Psalm 141,2).

Schließlich gibt es noch eine ästhetische Begründung: Durch den Weihrauch wird die Sinnenhaftigkeit der Liturgie komplettiert. Der Geruchssinn führt den Menschen aus seinem Alltag heraus und gibt der liturgischen Versammlung im wahrsten Sinne des Wortes einen eigenen wiedererkennbaren „Stallgeruch“.

Ich weiß nicht, wie es dazu gekommen ist, dass in katholischen Liturgien meist auf Weihrauch verzichtet wird. Weihrauch sieht sich eher in die Ecke des überflüssigen Schnickschnacks gedrängt, oder er wird allenfalls ein paar Mal im Jahr herausgeholt. Das könnte daran liegen, dass zu viel billiger und schlechter Weihrauch verwendet wird, der im Hals kratzt und die Menschen weniger in die Kirche hineinzieht als aus ihr heraustreibt. Die katholische Kirche hat dringenden Bedarf an Weihrauchexperten, damit der Geruchssinn und die vielschichtige Symbolik des Weihrauchs in der Liturgie zum Tragen kommen können. Das könnte durchaus eine anspruchsvolle Aufgabe für Erwachsene sein, wie auch in den Ostkirchen, in deren Liturgien der Weihrauch nie fehlt und die Kenntnis unterschiedlicher Aromen mit je eigener Symbolkraft und Wirkung zur Ausbildung der Diakone und Presbyter gehört.

Kerzen

Ministranten tragen Kerzen, mit denen sie beispielsweise ein großes, der Prozession vorangetragenes Kreuz beim Einzug zur Liturgie oder das Evangeliar zur Evangelienlesung begleiten. Kaum ein Symbol ist so grundlegend wie das Licht: Licht offenbart die Ordnung der Schöpfung (Gen 1,3–5), den Sieg über die Dunkelheit (Joh 1,4), und in der neutestamentlichen Bildsprache ist Christus selbst das Licht (Joh 8,12). Taufbewerber hießen in der Antike *zu Erleuchtende* (griechisch *photizomeni*), und Christen sind berufen, Licht für die Welt zu sein (Mt 5,14). Auch abseits des religiösen Zusammenhangs ist die Verwendung von Kerzen mit besonderen Emotionen und hoher Sensibilität verbunden.

Das Tragen und Halten von Kerzen ist für Kinder natürlich eine besonders spannende Sache. Aber es spricht absolut nichts dagegen, dass das in der Liturgie auch erwachsene Ministranten tun – man denke nur an die Feier der Osternacht, in der ja die ganze Versammlung mit Kerzen in den Händen Liturgie feiert.

Praktische Assistenzdienste

Ministranten assistieren dem Liturgievorsteher in einigen praktischen Dingen (siehe dazu auch den Diakon, Kapitel 10). Das kann darin bestehen, dem Vorsteher das aufgeschlagene Messbuch zu halten, damit er die Hände frei hat, um sie *zum Himmel zu erheben* (Ps 141,2). Diese Aufgabe ist nicht so leicht, wie es auf den ersten Blick scheint, denn das lesende Auge braucht das Buch in der passenden Höhe und im passenden Winkel. Auch hier gilt: Das mag für Kinder eine aufregende Sache sein, aber natürlich können es auch Erwachsene tun.

Gabenbereitung

Bei einer landläufigen Gabenbereitung in einer katholischen Eucharistiefeier tragen Ministranten Brot und Wein aus irgendeiner Ecke zum Altar, übergeben sie dem Vorsteher, bringen andere benötige Gegenstände herbei und assistieren dem Vorsteher bei der rituellen Händewaschung. Währenddessen ist die restliche Versammlung mit anderem beschäftigt, etwa dem Singen eines Liedes und gleichzeitig dem Zusammentragen einer Geldspende *(Kollekte)* – oft von anderen Ministranten eingesammelt –, die anschließend in irgendeinem Winkel verschwindet. Das alles zeigt sich als ein merkwürdiges, kümmerliches Nebeneinander verschiedener Handlungen, deren Bedeutung sich nicht recht erschließt.

In der Gabenbereitung antwortet die Versammlung auf das zuvor an sie ergangene Wort Gottes. Sie tut dies, indem sie sich Gott anvertraut, und das geschieht – sonst wäre es keine Liturgie – in ritueller Stilisierung. Stellvertretend für alles Lebendige werden symbolische, urtümliche Gaben vor Gott getragen (Brot und Wein auf dem Altar), im Angesicht dieser Gaben wird Gott dankend, lobend und bittend angerufen (Eucharistisches Hochgebet) und schließlich wird das Leben der Kirche von Gott her begründet und erfüllt (Kommunion).

Im 1. Jahrtausend war die Gabenbereitung an vielen Orten der christlichen Welt ein aufwändiges Ereignis. Die Gemeindemitglieder brachten Gaben aus ihren Häusern mit: Brot und Wein, andere Speisen und einiges mehr. Der Vorsteher sortierte so viel Brot und Wein aus, wie er für die Eucharistiefeier benötigte, alles andere wurde aufbewahrt und diente der Versorgung der kirchlichen Mitarbeiter und hilfsbedürftiger Menschen: Arme, Gäste oder Durchreisende.

Dann trat aber eine Entwicklung ein, die der Erfahrungsqualität der Gabenbereitung erheblich geschadet hat. Eucharistisches Brot und Wein wurden bereits vorproduziert und in den kirchlichen Räumlichkeiten gelagert. Alle anderen Gaben wurden stattdessen in einer Geldspende zusammengefasst. Geld hat natürlich den großen Vorteil, dass man es universal einsetzen kann, je nachdem, was gerade benötigt wird. Aber auf diese Weise ging die Beziehung zwischen dem Leben der Gemeindemitglieder als „Hin-Gabe an Gott“ und den symbolischen „Kult-Gaben“ als Zeichen des Lebens verloren. Noch gravierender: Es verbreitete sich der Eindruck, man müsse sich kirchliche Leistungen und göttliche Zuwendung durch Geld erkaufen. Bis heute stehen die Gabenbereitung von Brot und Wein und die Geldkollekte weitgehend unvermittelt nebeneinander, nur die wenigsten kennen den sachlichen Zusammenhang.

Was folgt daraus für die Ministranten? Vor allem einem: Bei der Gabenbereitung handeln sie als *Repräsentanten der gesamten Versammlung*, die sich Gott buchstäblich „hin-gibt“. Man bürdet Kindern also eine ganze Menge auf, wenn man sie bei der Gabenbereitung zu den einzigen sichtbar Handelnden macht. So interessant es für Kinder auch sein mag, die einzelnen Handlungen der Gabenbereitung zu lernen und dadurch ganz nah am Geschehen zu sein, ist es doch ein grobes Missverständnis, wenn man meint, das alles hätte nichts mit den erwachsenen Versammelten zu tun.

Es gibt gute Ansätze, wie man die Gabenbereitung besser gestalten kann. Brot und Wein sollten nicht aus irgendeiner Ecke hervorgeholt werden, sondern sich sichtbar inmitten der Versammlung befinden und von dort zum Vorsteher getragen werden. Kinder können dabei gerne mitwirken, aber sie sollten es nicht alleine tun, sondern gemeinsam mit Erwachsenen. In größeren Versammlungen werden mehrere Schalen für das Brot und mehrere Kelche für den Wein benötigt, daher lässt sich die Aufgabe gut auf mehrere Personen aufteilen – ganz gleich, ob sie dabei die typischen Ministrantengewänder tragen oder nicht (Kapitel 15).

Mit Brot und Wein kann auch die Geldspende mitgeführt werden. Sie landet dann aber nicht *auf dem Altar* (das würde den Eindruck hinterlassen, die Kirche erkaufe sich von Gott irgendetwas), sondern etwas abseits, zum Beispiel zu Füßen des Altares. Das Geld sollte jedenfalls nicht versteckt oder schon im Nebenraum gezählt werden. Auf gar keinen Fall sollte das Hochgebet beginnen, während noch Geld eingesammelt wird. Man kann die Geldgaben schon beim Betreten des Kirchenraumes sammeln, dann liegen sie sofort für die Gabenbereitung vollständig bereit. Aus hygienischen Gründen wurde genau dies in der COVID-19-Pandemie vielerorts eingeführt. Es könnte eine sinnvolle Dauereinrichtung werden.

Aufteilung der Ministrantenrollen

Was die Aufteilung der verschiedenen Ministrantenaufgaben auf verschiedene Personen angeht, gibt es nichts, was es nicht gibt, und eine echte Notwendigkeit für eine bestimmte Rollenaufteilung kann ich nicht erkennen. Wo nur eine oder zwei Ministrantinnen zur Verfügung stehen, machen sie natürlich alles, was anfällt. Bei größeren Gruppen gibt es die unterschiedlichsten Aufteilungen, zum Beispiel: Zwei Ministrantinnen übernehmen die Gabenbereitung, zwei weitere alles andere. Oder: Eine ältere Ministrantin übernimmt jene Aufgaben, die etwas mehr Erfahrung und Geschicklichkeit verlangen, einige jüngere machen alles andere. Wo Weihrauch verwendet wird, kann man einen oder zwei Ministranten ausschließlich für diese Aufgabe einsetzen. Ich kenne auch Kirchen, in denen alle Kinder, die zur Ministrantengruppe der Gemeinde gehören, jederzeit auf eigenen Ministrantenplätzen in der Nähe des Vorstehers dabei sein können. Selbst wenn es für sie nichts aktiv zu tun gibt, sind sie trotzdem etwas näher dran am Geschehen als die Erwachsenen. Warum auch nicht? Das ist dann zwar kein liturgischer Dienst im eigentlichen Sinn, aber doch eine Möglichkeit, Kindern einen passenden Platz in der Versammlung zu geben und sie Erfahrungen mit dem Verhalten in der Öffentlichkeit machen zu lassen. Die Alternative, sie unter die Erwachsenen zu platzieren, wo sie womöglich nichts sehen können und sich langweilen, ist jedenfalls wenig attraktiv.

Christliche Liturgie geht in ihrer archaischen Symbolkraft, ihrer biblisch und theologisch aufgeladenen Sprache und ihrem inhaltlichen Anspruch vom mündigen Christen aus. Kinder müssen in die Liturgie genauso hineinwachsen wie in Sprache, Wissenschaft, Ethik, Literatur und Musik, um im Laufe von Jahren ein persönliches Verhältnis dazu zu entwickeln und sich schließlich bewusst dafür oder dagegen zu entscheiden, eigenverantwortliche Gemeindemitglieder zu werden.

Kinder und Erwachsene

Dass man lange Zeit fast nur Kinderministranten kannte, merkt man auch daran, dass die Gerätschaften, mit denen die Ministranten hantieren – Wein- und Wassergefäße, Kerzen usw. – in vielen Kirchen Kinderformate haben. Besonders skurril wird das bei der schon erwähnten

Händewaschung des Vorstehers. Oft wird dafür mikroskopisch kleines, aber dafür umso barock-schnörkeligeres Geschirr verwendet, das eher an Kinderspielzeug erinnert als dass es die Erfahrung einer Waschung ermöglichen würde.

Was in Ostkirchen oder bei Anglikanern selbstverständlich ist, findet sich in katholischen Kirchen nur selten: Da gibt es Ministranten jeder Alters- und Kompetenzstufe, von kleinen Kindern (manchmal Jungen und Mädchen, in den meisten Ostkirchen nur Jungen), die gelegentlich Kerzen halten und dabei von Älteren begleitet werden, bis zu erfahrenen Erwachsenen, die den Weihrauch herrichten, das Lesepult für das Evangelium hin- und wieder wegstellen, Mikrofone anreichen oder ein Auge auf den Vorsteher haben, falls der gerade etwas braucht.

Im deutschsprachigen Raum droht eine ganze Generation für den Ministrantendienst verloren zu gehen. Nur wenige Kinder sind noch daran interessiert. Es fehlen lebendige Ministrantengemeinschaften, in die die jüngeren Kinder gerne hineinwachsen möchten. Katholische Eltern, die ihre Kinder unter Druck setzen, damit sie sich in der Kirche engagieren, werden – zum Glück! – auch immer seltener. Vielleicht hat diese Entwicklung den positiven Effekt, dass vermehrt erwachsene Gemeindemitglieder als Ministranten Verantwortung für die Liturgie übernehmen. Und vielleicht kann im folgenden Schritt eine neue Generation von Kindern Interesse am kirchlichen Leben entwickeln, weil sie ihre eigenen Eltern in einem reichhaltigen rituellen Spiel erleben, in das sie dann selber hineinwachsen möchten – so wie vielleicht in Musik, Literatur und Theater.

14 Niedere Weihe, Beauftragung, Priesteramtskandidat – Lektorin/Lektor und Akolythin/Akolyth

Ich habe meine Sympathie für das Modell der *niederen Weihe* bereits offengelegt, und wie sich gleich zeigen wird, hat mich eine Entwicklung während der Erstellung dieses Buchmanuskripts darin bestätigt. Aber zunächst tue ich einmal so, als hätte es diese neueste Entwicklung nicht gegeben. Versetzen Sie sich also beim Lesen bitte zunächst gedanklich in den Dezember des Jahres 2020.

Den Rollen, um die es in diesem Kapitel geht, stehe ich im Prinzip positiv gegenüber, denn sie stellen den historischen Überrest der niederen Weihen dar. Doch die Sache mit den *Lektoren* und *Akolythen* (griechisch *Gehilfe/Begleiter*), von denen nun die Rede sein wird, ist dann doch etwas komplizierter.

Bis zum Konzil gehörten diese Ämter zu den niederen Weihen, die man auf dem Weg zum Diakonat und Presbyterat durchlaufen musste. Nach dem Konzil wurden die niederen Weihen in *Beauftragungen* umgewandelt (Kapitel 3), trotzdem blieben sie Männern vorbehalten, wie Papst Paul VI. ausdrücklich bestimmte. Auch heute noch sind das Lektoren- und das Akolythenamt als Voraussetzung für die Ordination zum Diakon vorgeschrieben.

Lektor

Der Begriff Lektor muss an dieser Stelle irritieren. War nicht schon in Kapitel 4 vom Lektorendienst die Rede und ging es da nicht sowohl um Männer als auch Frauen?

In der Tat ist die Sache etwas bizarr. Es gibt nämlich in der katholischen Kirche zwei Arten von Lektoren: Die einen sind jene Männer, um die es in diesem Kapitel geht und die das katholische Kirchenrecht als Voraussetzung für die Ordination zum Diakon kennt – um die Sache zu verdeutlichen, nenne ich sie jetzt *Lektoren Typ 1*. Die anderen sind die Frauen und Männer aus Kapitel 4, ich nenne sie *Lektoren Typ 2*.

Da es keine niederen Weihen mehr gibt, werden sowohl Typ 1 als auch Typ 2 durch eine *Beauftragung* in ihr Amt eingeführt. Bei Typ 1 geschieht diese Beauftragung durch den Bischof, sie gilt lebenslang, es gibt dafür eine feste liturgische Form, und die Beauftragung wird genau dokumentiert. Pointiert gesagt: Alles sieht nach einer *Lektorenweihe* aus, aber da es das nicht mehr gibt, handelt es sich um eine *Beauftragung mit historischen Elementen einer niederen Weihe*. Die Beauftragung von Typ 2, den wir schon aus Kapitel 4 kennen, *kann* in Form einer eigenen Ausbildung, einer bischöflichen Urkunde und sogar einer eigenen Segenshandlung erfolgen, muss aber nicht: Es genügt, wenn man spontan darum gebeten wird (Kapitel 3). Letztlich tun aber die Lektoren Typ 1 und die Lektoren Typ 2 genau dasselbe!

Warum gibt es dann überhaupt diese zwei Varianten? Das hängt damit zusammen, dass Typ 1 nach dem Konzil Männern vorbehalten blieb, gewissermaßen als Erinnerung an die alten niederen Weihen. Es war den Bischöfen im deutschen Sprachraum und in vielen anderen Gegenden der Welt ein Anliegen, beim Lektorendienst keinen Unterschied zwischen Männern und Frauen machen zu müssen. Daher griff man auf Typ 2 zurück. Alle Männer zu Typ 1 und alle Frauen zu Typ 2 zu beauftragen hieße wieder eine Zwei-Klassen-Gesellschaft einzuführen. Daher entschied man sich, alle – Frauen wie Männer – nur zu Typ 2 zu beauftragen. Typ 1 gibt es fast nur dort, wo er kirchenrechtlich vorgeschrieben ist, nämlich einige Monate vor der Ordination zum Diakon.

Zunehmend schlugen Bischöfe vor, dass man doch stattdessen Typ 1 für Frauen öffnen könnte. Damit hätte der Auftrag zur liturgischen Lesung, um deren theologische Bedeutung doch alle wussten (Kapitel 4), einen würdigeren Rahmen. Lektor zu sein würde dann bedeuten, ein echtes kirchliches Amt zu bekleiden, in das man lebenslang eingesetzt wird, und zwar durch den Bischof im Rahmen einer Liturgie, die zumindest äußerlich einer Ordination ähnelt. Typ 2 würde man sich dann nur noch für den Notfall vorbehalten: Wenn sich kein „amtlicher Lektor“ (Typ 1) findet, soll eben jemand anderes kurzfristig einspringen. Aber dazu kam es vorerst nicht, und so blieb Typ 2 der Regelfall und Typ 1 die Ausnahme.

Akolyth

Beim Akolythen handelt es sich um ein Amt, von dem selbst einige der engagiertesten Katholiken noch nie gehört haben.

Wie das Lektorenamt ist auch das Akolythenamt für angehende Diakone verpflichtend. Der Akolyth ist eine Art Mischwesen aus Diakon (Kapitel 10), Kommunionhelfer (Kapitel 12) und Ministrant (Kapitel 13). Um es genauer zu sagen: Die liturgische Rolle des Akolythen wird für gewöhnlich auf diese drei Gruppen aufgeteilt.

Ein paar Beispiele: Laut Messbuch soll ein Akolyth in der Eucharistiefeier das Vortragekreuz beim Einzug tragen und dem Vorsteher das Buch halten, wenn er daraus ein Gebet vorträgt. In diesen Fällen ist der Akolyth ein „Ober-Ministrant“. Nach der Kommunion verräumt der Akolyth die Gefäße und reinigt sie, hier ist er also ein „Ober-Kommunionhelfer“. Auch die Kommunion kann er spenden, das Amt des Akolythen umfasst also zugleich das des Kommunionhelfers (Kapitel 12).

Es kommen noch weitere Aufgaben hinzu, aber das braucht hier nicht im Detail ausgeführt zu werden. Denn obwohl laut Messbuch der Akolyth zur Grundform der Eucharistiefeier gehört, gibt es im deutschen Sprachraum nur wenige davon. Die Gründe sind dieselben wie oben beim Lektor Typ 1.

Wo die Kelchkommunion praktiziert wird (Kapitel 12), ist die Frage, wer wann wie die eucharistischen Gefäße verräumt und reinigt, durchaus von Bedeutung, das kann nämlich ein recht umfangreicher Dienst sein. Das Kirchenrecht ist in diesem Punkt ausgesprochen rigide. Nur Presbyter, Diakone und Akolythen dürfen das tun, und zwar entweder direkt nach der Kommunionspendung oder aber nach Abschluss der Eucharistiefeier. Wenn man das ernst nimmt, führt es zu abstrusen Situationen: Diakone und Akolythen gibt es meist gar nicht, also muss der Vorsteher allein mehrere Kelche leeren, reinigen und verräumen. Das dauert nicht nur seine Zeit, sondern es kann aufgrund der Menge an Alkohol zur gesundheitlichen Gefahr für den Vorsteher werden. Daher ist diese Aufgabe zunehmend auf die Kommunionhelfer übergegangen, die sich gemeinschaftlich um das Leeren und Reinigen der Kelche kümmern, und das ist auch sinnvoll.

Es wäre vielleicht keine schlechte Idee, Sakristane (Kapitel 15) als Akolythen zu beauftragen. Sie sind ohnehin diejenigen, die sich mit der sachgemäßen Behandlung der Gefäße am besten auskennen, und dann hätten sie auch dazu den passenden kirchlichen Auftrag. Für das Austrinken mehrerer Kelche werden sie aber immer noch Unterstützung benötigen.

Eine neue Entwicklung: Frauenlektorat und Frauenakolythat

Nun zur neuesten Entwicklung aus dem Januar 2021: Papst Franziskus hat die Rufe, die aus einigen Teilen der Welt – nicht zuletzt aus Lateinamerika – an ihn herangetragen wurden, ernst genommen, sich von den Argumenten überzeugen lassen und das Kirchenrecht dahingehend geändert, dass nun auch Frauen zum Lektorat Typ 1 und zum Akolythat zugelassen sind.

Man kann darauf mit Achselzucken reagieren: Das Ziel Frauenordination (Kapitel 10) bleibt in weiter Ferne. Lektorat und Akolythat sind keine Ämter, die mit besonderer Entscheidungsgewalt in der Kirche verbunden wären, und außerdem will kaum jemand die derzeitige Handhabung des Lektoren- und Ministrantendienstes verkomplizieren. Ich habe den Verdacht, dass sich dieses Achselzucken durchsetzen wird. Einführung des Frauenlektorats und Frauenakolythats wird zwar in die Geschichte des Kirchenrechts eingehen, aber keine Bedeutung im Gemeindealltag gewinnen.

Wünschen würde ich mir aber das Gegenteil. Hier nur ein paar Gedanken zum Lektorendienst Typ 1, wie er gleichberechtigt für Männer und Frauen gestaltet werden könnte:

Es gäbe die Möglichkeit, das Lektorenamt mit einer guten Ausbildungsordnung zu gestalten und in einem eigenen jährlichen Gottesdienst, den der Bischof selber leitet, Lektorinnen und Lektoren zu segnen und in ihre Gemeinden auszusenden. In jeder Gemeinde könnte es dann einen Kreis von Lektorinnen und Lektoren geben, die wirklich als kirchliche Amtsträger angesehen würden. Könnten diese Frauen und Männer dann nicht sogar zu einem „Ältestenrat der Gemeinde“ werden, der sich in besonderer Weise um das Wort Gottes und seine Verkündigung sorgt? Die Lektorinnen und Lektoren könnten zugleich die Beauftragung zur Leitung von Wort-Gottes-Feiern (Kapitel 9) erhalten, einige auch die Beauftragung zum Predigen (Kapitel 11). Gemeinschaftlich könnten sie für die Ausbildung der nächsten Generation von Lektorinnen und Lektoren sorgen, für Bibelkreise in der Gemeinde, für öffentliche Fortbildungsangebote in Sachen Bibel, für die Themenauswahl für Predigtreihen (Kapitel 11), für biblische Impulse in der Öffentlichkeitsarbeit usw. Das Lektorat könnte sich so als ein echtes kirchliches Amt etablieren, dessen Auftrag die Bewahrung, die Vermittlung und die liturgische Inszenierung der biblischen Botschaft umfasst – „Anwälte des Wortes Gottes" (Kapitel 4). Wer weniger Erfahrung mit dem Lektorendienst hat und noch unsicher ist, ob er langfristig Verantwortung übernehmen möchte, wäre dadurch keineswegs ausgeschlossen, für ihn bliebe immer noch der Lektorendienst Typ 2 (siehe oben) zugänglich.

Ich kann mir kaum ein größeres Zeichen der Wertschätzung für die biblische Botschaft vorstellen, als wenn es ein eigenes Amt gäbe, zu dem Frauen und Männer gleichberechtigt zugelassen sind, die sich von der Kirche für das Wort Gottes in Verantwortung nehmen lassen. Ich hoffe daher, dass die Bischöfe das Lektorenamt in einer kreativen und theologisch anspruchsvollen Weise als eine für Frauen und Männer attraktive, anspruchsvolle und wertgeschätzte Rolle in der Kirche etablieren. Ob es wirklich so kommt, wird die Zukunft zeigen.

15 Entscheiden, Planen, Kleiden – Liturgie gemeinsam vorbereiten

In der Planung und Durchführung einer katholischen Liturgie sind eine Fülle von Entscheidungen zu treffen. Eine sehr grundsätzliche Frage habe ich bereits in Kapitel 1 behandelt: Wie sehr sieht sich eine feiernde Versammlung an das entsprechende *Drehbuch* gebunden, also an das Messbuch für die Eucharistiefeier, das Werkbuch für die Wort-Gottes-Feier, an das Stundenbuch für die Tagzeitenliturgie usw.?

Je flexibler man mit dem Drehbuch umgeht, umso mehr kann man auf die Bedürfnisse, die aktuelle Stimmungslage und den Verständnishorizont einer konkreten Versammlung eingehen. Im Gegenzug droht der größere Zusammenhang – der Raum und Zeit überschreitende Charakter der Liturgie – zu kurz zu kommen, und Liturgie wird dann zur Machtfrage: Wer sich mit seinen Vorstellungen durchsetzt, darf der Liturgie den Stempel aufdrücken.

Je enger man die eigene Liturgie am kirchlichen Drehbuch orientiert, umso weniger geht es um individuellen Einfluss, umso weniger können spontane Stimmungslagen berücksichtigt werden, dafür geht es umso mehr um die *Rollen* in ihrem Zusammenhang der Versammlung und der ganzen Kirche.

Unausweichliche Entscheidungen

Auch dort, wo man einem liturgischen Buch streng folgen möchte, sind immer noch vielfältige Entscheidungen zu treffen. Die liturgischen Bücher haben nämlich bereits zahlreiche Variationsmöglichkeiten vorgesehen. Um Entscheidungen kommt man also gar nicht herum.

Der offensichtlichste und für die Gesamtatmosphäre einer Liturgie prägendste Aspekt ist die Auswahl von Instrumentalmusik und Liedern. Doch auch bei biblischen Lesungen gibt es oft Wahlmöglichkeiten zwischen verschiedenen Texten oder zumindest zwischen einer längeren und einer kürzeren Fassung eines biblischen Textabschnitts. Es gibt verschiedene Eucharistische Hochgebete zur Auswahl und verschiedene

Formen des *Sonntäglichen Lobpreises* in der Wort-Gottes-Feier. Trauung und Begräbnis bieten eine unüberschaubare Auswahl von Optionen. Und es kommen dann noch jene zahlreichen Stellen in den liturgischen Ordnungen hinzu, an denen freie Formulierungen vorgesehen oder zumindest erlaubt sind. – Wer soll das alles vorbereiten und entscheiden? Läuft das nicht unweigerlich wieder auf die Machtfrage hinaus?

Entscheidungsmacht des Vorstehers

Es ist eine typisch katholische Gewohnheit, die Zuständigkeit für solche Entscheidungen ausschließlich beim Liturgievorsteher zu sehen – im Fall der Eucharistiefeier also immer beim Bischof oder Presbyter. Nun ergibt sich das oft dadurch, dass der Presbyter in vielen Gemeinden der einzige ist, der eine nennenswerte theologische und liturgische Ausbildung hat, der als einziger hauptamtlich für die Kirche tätig ist und insofern irgendwie immer in die Rolle des „Lehrers“ rutscht. In größeren Gemeinden gibt es dagegen auch andere Hauptamtliche – den Pastoralreferenten, die Organistin, die Chorleiterin –, aber viele von ihnen haben den Versuch, ihre Kompetenzen in die Liturgieplanung einzubringen, längst aufgegeben und tun einfach das, was der Vorsteher sagt: mal aus Erleichterung, dass sie sich nicht darum kümmern müssen, mal mit inhaltlicher Übereinstimmung, mal mit geballter Faust in der Tasche. Der Liedplan für die Liturgie wird wenige Minuten vor Beginn zwischen dem Vorsteher und der Organistin durchgegangen – Zeit für tiefergehende Überlegungen bleibt da nicht. Die Lektorin wird schnell darüber informiert, ob sie die Kurz- oder die Langfassung der Lesung lesen soll und sie bekommt einen Zettel mit den Fürbitten in die Hand gedrückt – natürlich vom Vorsteher selbst verfasst oder aus einer Vorlage ausgewählt.

Diese Aufgabenverteilung ist effizient, aber sie ist unnötig klerikalistisch gedacht.

Entscheidungsmacht anderer

Es kann auch ganz anders gehen. Klostergemeinschaften sind dafür ein gutes Beispiel. Oft treffen die Liturgievorsteher dort überhaupt keine Entscheidungen, es gibt stattdessen langfristige Vereinbarungen der gesamten Gemeinschaft. Um nur ganz simple Beispiele zu nennen, in welche Richtung das gehen kann: Wo es Kurz- und Langfassung einer biblischen Lesung gibt, nehmen wir immer die Langfassung. An Sonntagen verwenden wir Weihrauch, an Werktagen nicht. Die Eucharistischen Hochgebete werden Tag für Tag reihum gewechselt. Die Fürbitten werden von einem eigenen Arbeitskreis eine Woche im Voraus erstellt. – Solche Beispiele zeigen: Man kann durchaus Liturgievorsteher sein, ohne Macht über die Liturgiegestaltung zu haben.

Nun wird man vielleicht einwenden, dass solche Klostergemeinschaften ja irgendwie aus einer Fülle von „Liturgieexperten“ bestehen und gemeinsame Entscheidungen daher auch auf breiteren Kompetenzen aufbauen. In gewisser Hinsicht stimmt das, in anderer Hinsicht aber nicht. Denn auch Klostergemeinschaften bestehen nicht ausschließlich aus Theologen und schon gar nicht ausschließlich aus Presbytern. Dafür gibt es in mancher Pfarrgemeinde durchaus Menschen, die über hohe theologische und liturgische Kompetenz verfügen. Die Unterschiede zwischen Klostergemeinschaft und Pfarrgemeinde sind also nur gradueller Art.

Andererseits gebe ich zu, dass es keine zukunftsträchtige Idee wäre, eine Gemeinde per Mehrheitsbeschluss über die Lieder im Gottesdienst abstimmen zu lassen. Da würde zu viel Wertvolles unter den Tisch fallen, bloß weil es zu wenig bekannt ist. Die Kompetenzen der einzelnen Spezialisten sollen sich auch dadurch entfalten können, dass sie die anderen auf neue Ideen bringen!

Es gibt also kein perfektes, universal anwendbares Entscheidungsverfahren für die Liturgievorbereitung, es ist immer die Zusammensetzung der Gemeinde und der konkreten Versammlung zu berücksichtigen. Es lassen sich aber durchaus einige objektive Kriterien benennen, an denen man sich ausrichten kann, wenn man Liturgiegestaltung nicht als Machtausübung, sondern als Entfaltung von etwas bereits Vorgegebenem verstehen möchte.

Das liturgische Buch als Schutz vor Willkür

Es mag gute Gründe geben, an der ein oder anderen Stelle, in der ein oder anderen liturgischen Versammlung von den Vorgaben der liturgischen Bücher abzuweichen, aber alle müssen das Recht haben, ihre eigene Rolle so auszuüben, wie es im liturgischen Buch vorgesehen ist. Das gilt natürlich für den Liturgievorsteher, der in seiner Rolle erster Ansprechpartner für Gemeindemitglieder, Gäste und Medien ist. Bei aller Freude an Kreativität: Liturgievorsteher müssen sich nicht dafür rechtfertigen, dass sie dem liturgischen Buch folgen. Ebenso muss eine Lektorin den biblischen Text so vorlesen dürfen, wie er im Lektionar steht. Sie muss sich keine Textänderungen, alternative Übersetzungen oder Kürzungen diktieren lassen, nur weil das dem Vorsteher vielleicht besser zu seiner geplanten Predigt passt.

Lesungen

In Kapitel 4 war davon schon die Rede: Das Konzil wollte den Schatz der Bibel in der Liturgie reichhaltiger zur Geltung bringen (SC 51). Die für den deutschen Sprachraum erteilte Erlaubnis, den Antwortpsalm und eine der beiden anderen alt- und neutestamentlichen Lesungen wegzulassen, war nie als Regelfall gedacht, aber genau dazu ist es vielerorts gekommen. Kurzfassungen biblischer Lesungen werden im Lektionar auch nicht aus Bequemlichkeitsgründen angeboten, sondern nur, um auf besondere Herausforderungen einer konkreten Versammlung reagieren zu können. Es wäre also eine sehr gut begründete Option – und man könnte sagen: eine konzilsgemäße liturgische Spiritualität –, wenn eine Gemeinde sich grundsätzlich darauf festlegt, niemals biblische Lesungen wegzulassen, sie durch etwas anderes zu ersetzen oder Kurzfassungen zu verwenden. Alles das soll nur für echte Notfälle reserviert sein – und in solchen Notfällen genügt ohnehin gesunder Menschenverstand, um spontan und souverän damit umzugehen, dass womöglich ein Kantor kurz vor dem Beginn des Antwortpsalms einen Schwächeanfall hat.

Musik- und Liedauswahl

Der vielleicht emotionalste Aspekt der Liturgiegestaltung ist die musikalische Gestaltung mitsamt der Liedauswahl. Geschmäcker sind bekanntlich verschieden, und musikalische Kompetenzen sind nicht überall gleich verteilt. Die Musik dürfte die größte kulturelle Ressource sein, mit der die Kirche auch über ihre Grenzen hinaus wirken kann, Es ist daher umso bedauerlicher, dass immer mehr Stellen für hauptamtliche Kirchenmusiker gekürzt und gestrichen werden. So werden immer weniger junge Menschen durch Fachleute an das Musizieren in der Liturgie herangeführt, und die wenigen, die sich für eine musikalische Ausbildung interessieren, erwarten sich in der Kirche kaum berufliche Chancen.

Für Musik- und Liedauswahl lassen sich jenseits persönlicher Stilvorlieben einige objektive Maßstäbe benennen, die dann je nach individueller Kompetenz und Ausstattung konkretisiert werden müssen.

Vor allem: Man unterfordere die Versammlung nicht! Oft begegnet man der Vorstellung, eine Gemeinde könne nichts anderes als nur die ihr vertrauten Lieder singen. Das ist eine falsche Projektion. Sie entsteht, wenn man nie erlebt hat, wie eine Gemeinde in sachkundiger Weise mit Neuem und Wertvollem vertraut gemacht werden kann. Es handelt sich dabei um eine didaktische Fähigkeit, die durchaus erlernbar ist – nicht zufällig ist das Studium der Kirchenmusik ein anspruchsvolles und langwieriges Unterfangen. Die kirchenmusikalische Ausbildung darf sich natürlich nicht auf Orgelspiel und Chorleitung beschränken, es müssen auch pädagogische Kompetenzen geschult werden. So ausgebildet, können Kirchenmusiker in der liturgischen Versammlung niederschwellige Zugänge zum verständigen Hören und zum selbstbewussten gemeinsamen Singen vermitteln. Die katholische Kirche sollte qualifizierten Kirchenmusikern berufliche Chancen bieten, und Presbyter, andere Hauptamtliche und die Gemeinden selbst sollten die kirchenmusikalischen Kompetenzen wertschätzen, ernst nehmen und ihnen Vertrauen entgegenbringen.

Ein weiterer Grundsatz: Bei der Auswahl von Liedern muss immer die Musik im Dienst des Textes stehen, nie umgekehrt. In jeder christlichen Versammlung geht es darum, Wort (biblisches Wort, gemeinsame Gebete usw.) mit allen Sinnen hörbar und erfahrbar zu machen und den ganzen Menschen mit Leib und Seele darin einzubeziehen und zu berühren. Musik ist ein wesentliches Medium, durch das das Wort im Menschen ankommen kann. Natürlich darf Musik auch unabhängig vom Wort ein Eigenleben entwickeln, Stimmungen erzeugen, Assoziationen wecken, Schönheit erfahrbar machen. Musik darf in der Liturgie aber nie *gegen* das Wort gerichtet werden oder es abwerten. Anders gesagt: Auch wenn ein Lied noch so schön klingt, muss sein Text trotzdem zum Anlass passen. Bei der Liedauswahl soll man also zunächst nach einem fruchtbaren Zusammenhang zwischen dem Liedtext und anderen liturgischen Texten suchen, vor allem den biblischen Lesungen. Auch allgemeine biblische Motive können einen guten Ausgangspunkt bilden, ebenso konkrete liturgische Handlungen. Das *Gotteslob* als das seit 2013 verwendete Gemeindebuch für die katholische Liturgie ordnet seine Lieder einzelnen Anlässen zu: zum Einzug, zur Gabenbereitung, im Advent, in der Osterzeit, zum Motiv Buße, zum Motiv Schöpfung usw.

Man kann die Auswahl auch noch konkreter angehen. Es gibt nämlich schon längst für jeden Tag im Kirchenjahr ein „offizielles“ Eröffnungslied, eines zur Kommunion und noch einige andere. Diese Lieder kennt allerdings kaum jemand, da sie nur in lateinischer Sprache und in sehr komplizierten Singweisen existieren: Gregorianischer Choral. Laut dem Konzil ist die Gregorianik der *der römischen Liturgie eigene Gesang* (SC 116), wobei sich diese Aussage gar nicht so sehr auf einen bestimmten musikalischen Stil bezieht, sondern vor allem auf die Texte. Das deutsche Messbuch ermöglicht eine Annäherung an diese Überlieferung, denn es gibt im Messbuch für jeden Tag einen *Eröffnungsvers* und einen *Kommunionvers*. Diese kurzen Texte sind von den lateinischen Texten der Gregorianik abgeleitet. Viele von ihnen wurden schon vor 1200 Jahren oder noch früher in der Liturgie verwendet. Die meisten Texte entstammen dem Buch der Psalmen, bilden also neben den Lesungen einen weiteren biblischen Bezugspunkt der Liturgie. Sie stellen inhaltliche Verbindungen her, die sich gegenseitig inspirieren, aufeinander verweisen und ein Netz von Motiven knüpfen, in das sich die Versammlung hineinbegeben kann. Eine an objektiven Kriterien und nicht an Machtfragen („Wer setzt sich mit seinem persönlichen Wunsch durch?“) orientierte Liedauswahl kann immer mit einem Blick auf Eröffnungsvers und Kommunionvers beginnen.

Wo gestalterische Entscheidungen vor einem solchen Hintergrund getroffen werden, geht es nicht mehr darum, über die Liturgie zu bestimmen und sich in einem Wettkampf von Ideen durchzusetzen. Die Liturgie wird vielmehr als etwas gesehen, das „schon längst da ist“, wie ein Schatz, den man nur noch behutsam bergen muss. Es wird dann immer noch Meinungsunterschiede im Detail geben, aber auf einer gemeinsamen Grundlage, einem gemeinsamen Liturgieverständnis.

Predigt als Ausgangspunkt der Liturgieplanung?

Eine weit verbreitete Unsitte besteht darin, dass zuerst der Prediger seine Predigt erarbeitet und dann alle anderen Elemente – Lieder, Fürbitten usw. – auf die Predigt zuschneidet. Am Ende lässt sich die komplette Liturgie unter ein Motto oder einen Titel stellen. Das ist eine einfache Methode, einer Liturgie einen roten Faden zu geben, der der Versammlung in Erinnerung bleibt. Aber letztlich baut ein solches Konzept wieder auf einer Machtfrage auf: Wer ist der Prediger und was will er erreichen?

Eine Liturgievorbereitung, die ihren Ausgangspunkt in der Liturgie selbst hat, wird genau umgekehrt vorgehen. Zuerst kommt die Frage: Was sind die Motive der biblischen Lesungen in Verbindung mit dem Eröffnungsvers, dem Kommunionvers, dem Tagesgebet usw.? Dann folgt als nächstes: Wie lassen sich diese Motive durch die Liedauswahl zur Geltung bringen? – Ist ein solches Netz erst einmal geknüpft, kommt im letzten Schritt die Predigt hinzu. Sie stellt die Verbindungen zwischen der Liturgie und dem Gemeindealltag her. Wann immer *zuerst* die Predigt erstellt wird und dann die Lieder *passend zur Predigt* ausgesucht werden, läuft schon grundlegend etwas falsch, denn dann steht die Predigt nicht mehr im Kontext der Liturgie, sondern die Liturgie wird zum Beiwerk der Predigt.

Einheitliche Kriterien vs. persönliche Willkür

Je mehr eine Gemeinde ihrer Liturgiegestaltung klare, nachvollziehbare, langfristige Kriterien gibt, umso weniger werden liturgische Rollen zur Machtfrage. Wenn der Vorsteher vor Beginn der Liturgie in der Sakristei erscheint, sind bereits alle wesentlichen Entscheidungen getroffen. Der Vorsteher ist nicht mehr Machthaber über die Liturgie, sondern Rollenträger unter Rollenträgern, die gemeinsam eine Versammlung bilden. Fälle, in denen man spontan improvisieren muss – weil zu wenig Ministranten da sind, die Organistin ausgefallen ist oder der Kantor den falschen Psalm vorbereitet hat –, kann und darf es immer geben. Mit etwas Hausverstand findet man dann eine gute Lösung, und wenn es mal ganz schnell gehen muss, darf der Vorsteher gerne spontan eine Entscheidung treffen. Aber die Vorstellung, allein der Vorsteher sei für die Auswahl sämtlicher liturgischer Elemente verantwortlich, wird der Vielfalt der Begabungen in einer Gemeinde nicht gerecht. Teams aus Haupt- und Ehrenamtlichen mit unterschiedlichen Kompetenzen können Liturgie langfristig planen und ihr dadurch ein Gepräge geben, das einen verlässlichen „Stil" aufweist, an dem sich die Gemeinde selber wiedererkennt.

Im englischsprachigen Raum gibt es übrigens in verschiedenen christlichen Konfessionen – auch in der katholischen Kirche – das Amt des *Directors of Worship*, was man als „Liturgie-Regisseur“ übersetzen könnte. Im Deutschen kommt dem vielleicht jene Aufgabe am nächsten, die man an Kathedralen oder in Klostergemeinschaften als *Zeremoniar* oder *Zeremoniär* bezeichnet. Diese Person übernimmt die Koordination aller Planungsaufgaben. Sie trifft notwendige kleinere Entscheidungen selbst, führt die verschiedenen liturgischen Rollenträger und andere Gemeindemitglieder zum Dialog zusammen, organisiert die Zusammenarbeit und Fortbildungsprogramme und trägt die Verantwortung für die langfristige „Stilfindung“ der Gemeinde.

Selbstorganisation der Gemeinde

Die Organisation der Ministranten, Kantoren, Lektoren usw. darf und soll in den Händen der betreffenden Gruppen liegen. Sie sind ja selbstständig Handelnde und nicht etwa Hilfskräfte des Vorstehers.

Da in der katholischen Kirche so viel vom *Priestermangel* gesprochen wird, kann man den Spieß auch mal umdrehen: Ein Presbyter, der vor Beginn der Eucharistiefeier feststellt, dass die Gemeinde keinen Lektor, keine Kantorin, keine Ministranten und keine Kommunionhelferin bereitgestellt hat, sollte sich eigentlich weigern, den Vorsteherdienst zu übernehmen. Liturgie im Sinn des Zweiten Vatikanischen Konzils ist kein Bühnenstück für einen Alleinunterhalter. Das Messbuch setzt übrigens für die dort so bezeichnete *Grundform* der Eucharistiefeier neben dem vorstehenden Presbyter mindestens einen Akolythen, einen Kantor und einen Lektor voraus! Die katholische Kirche leidet in unseren Breiten jedenfalls an mindestens genauso großem Kantoren- und Ministrantenmangel wie an Priestermangel, und es fehlt vielen Gemeinden an Eigenverantwortung und Selbstorganisation für diese Rollen.

Eine Person, mehrere Rollen?

Es dient der Klarheit der Rollen, wenn Personen nicht mehrere Rollen zugleich ausüben. Dass eine Ministrantin in derselben Liturgie auch Lektorin ist oder ein Kommunionhelfer in derselben Liturgie auch Kantor, mag die Vorbereitung der Liturgie vereinfachen und bei kurzfristigem Personalmangel hilfreich sein, ist aber nicht ideal und schadet der Selbstorganisationsfähigkeit der verschiedenen Gruppen einer Gemeinde.

Sakristan / Küster / Mesner

Erwähnung verdienen auch jene Personen, ohne deren helfende Hände eine Liturgie kaum vor- und nachbereitet werden könnte. Im norddeutschen Raum heißen sie *Küster*, im süddeutsch-österreichischen *Mesner*. Um niemanden zu bevorzugen, weiche ich jetzt auf den eher selten verwendeten lateinischen Begriff *Sakristan* aus. Eine Sakristanin/ein Sakristan ist für all die praktischen Dinge zuständig, die rund um ein Kirchengebäude und die Liturgie anfallen. Der Begriff ist von der *Sakristei* abgeleitet, dem Nebenraum der Kirche, in dem Gewänder und Geräte aufbewahrt werden und wo sich die liturgischen Rollenträger vor Gottesdienstbeginn absprechen, ankleiden und vorbereiten.

Die Bedeutung des Sakristanendienstes wird nach meiner Erfahrung erheblich unterschätzt. Sakristane müssen oft unter hohem zeitlichem Druck agieren und wahre Kommunikationsgenies sein, weil innerhalb von Minuten mehrere drängende Anliegen auf sie einprasseln: vom Presbyter, der für seine besonders kreative, symbolgeladene Predigt noch ein paar Dinge am Ambo vorbereitet haben möchte (aber bitte so, dass die Gemeinde es nicht sieht, denn es soll ja eine Überraschung sein) über die Lektorin, die gerade festgestellt hat, dass die Mikrofonanlage nicht funktioniert, bis zum weinenden kleinen Ministranten, dem sein Gewand nicht passt. Die Kommunikation mit den Sakristanen kann für alle anderen eine große Herausforderung sein, denn Sakristane sitzen am längeren Hebel und können die Ideen der anderen ebenso fördern und unterstützen wie boykottieren und sabotieren. Für die Sakristane kann es eine Überforderung sein, bei jedem Personalwechsel in der Gemeindeleitung mit neuen Vorstellungen konfrontiert zu werden, die sie umzusetzen haben – oft ohne nach ihrer Meinung und Erfahrung gefragt zu werden. Für alle anderen ist es schwierig, die Kompetenzen der Sakristane richtig einzuordnen und ihre Stärken und Schwächen im Umgang mit den ihnen anvertrauten Gerätschaften und mit den Menschen zu erkennen. Das Spektrum von Vorbildung ist bei Sakristanen sehr unterschiedlich: Es reicht von der promovierten Kunsthistorikerin, die in einer traditionsreichen Kirche über die angesammelten sakralen Schätze wacht und es genießt, diese zu den passenden Feiertagen in Szene zu setzen, bis zum Senior, der Freude daran hat, dem Pfarrer ehrenamtlich zur Hand zu gehen und der gar kein Bedürfnis verspürt, dabei eine eigene Meinung einzubringen.

Der Sakristanendienst ist keine liturgische Rolle im eigentlichen Sinn, aber viel hängt von ihm ab. In vielen Gemeinden ist der Sakristan auch „Backup“ für alle anderen Dienste. Kein Ministrant da? – Die Sakristanin springt ein. Lektorin nicht gekommen? – Der Sakristan hat sowieso schon das Lektionar hergerichtet und übernimmt das gern. Die Versammlung ist größer als erwartet? – Kein Problem, die Sakristanin wird durch ein unauffälliges Kopfnicken schnell noch als Kommunionhelferin engagiert. Auch hier gilt: Das ist sehr praktisch, und man kann dankbar sein, dass es talentierte Sakristane gibt, die sich mit allen Rollen auskennen, aber ideal ist es nicht. Wo omnipräsente Sakristane immer für alles bereitstehen, kann es zur Selbstentmündigung der Gemeinde kommen, die sich nicht mehr für die Liturgie verantwortlich fühlt, sondern alles den vermeintlichen „Profis“ überlässt.

Liturgische Kleidung

Ein katholisches heißes Eisen: liturgische Kleidung. Nach meinem Eindruck überwiegt heute die Empfindung, liturgische Kleidung sei eher *Ver-kleidung* und passe nicht zu verantwortungsbewussten erwachsenen Menschen. Kinder als Ministranten in besonderer Kleidung, das mag noch einen pädagogischen Effekt haben: Sie können darin eine noble Körperhaltung erlernen, haben Spaß am Verkleiden und lernen (mehr oder weniger) Rücksicht auf die (mehr oder weniger) wertvollen Textilien zu nehmen. Aber insgesamt sind Kinder in diesen Gewändern doch eigentlich eher niedlich als dass man dem eine theologische Bedeutung zuschreiben würde.

Beim Presbyter ist das wieder anders: Wenn er liturgische Kleidung trägt, so verleiht das seiner Rolle eine gewisse Würde (aber auch Distanz), es macht ihn auf den ersten Blick erkennbar (aber ist das wirklich nötig?), hebt ihn von den anderen ab (soll es das überhaupt?) und außerdem: Das war schon immer so. Lektoren, Kantoren, Kommunionhelfer usw. tragen lieber ihre Alltagskleidung, in allem anderen würden sie sich albern vorkommen. Sie nehmen ihre Rollen auch bevorzugt von ihrem üblichen Platz im Kirchenraum wahr. In der Nähe des Altares befinden sich dagegen nur der Vorsteher und die Kinder – alle in liturgischen Gewändern.

Das Messbuch schreibt recht eindeutig: „Das allen Diensten entsprechende liturgische Gewand ist die Albe." Wie der Name sagt (lateinisch *albus* = weiß), handelt es sich um ein weißes Gewand, und zwar einen den ganzen Körper umschließenden Rock mit langen Ärmeln. Die Albe geht historisch auf Alltagskleidung im Römischen Reich zurück, sie erhält aber durch die Bibel eine theologische Bedeutung. Laut der Vision in Offb 7,13–14 ist das weiße Gewand das Erkennungszeichen der durch Gott Erlösten, sie sind durch Christus „weiß gewaschen" und von der „Bedrängnis" befreit. Im Christentum drückt sich dies im Taufritual aus, wenn der Täufling ein weißes Gewand erhält. In der Spätantike wurden Erwachsene bei der Taufe tatsächlich entkleidet und mit einer Albe neu bekleidet. Später wurde daraus das weiße Kleid der getauften Säuglinge, mit dem sie heutzutage manchmal gar nicht mehr bekleidet werden, sondern das ihnen nur kurz symbolisch vor den Körper gehalten wird.

Christsein bedeutet: von der Macht der Sünde befreit sein (deswegen das leuchtende, reine Weiß) und durch Christus ein neues Leben „angezogen" zu haben (Gal 3,27) – ein Leben, das man sich nicht verdient hat, sondern mit dem man beschenkt worden ist. Das ist Gnade, aber auch Verpflichtung, anders gesagt: Berufung. Spuren des Taufgewandes erkennt man heute am Namen des Sonntags nach Ostern: *Weißer Sonntag*, lateinisch präziser *dominica in albis*, also *Sonntag in weißen Gewändern*. Die zu Ostern Getauften trugen eine ganze Woche lang auch im Alltag ihre Taufkleider.

Nun „beschmutzen" sich alle Christen trotz ihrer Taufe immer wieder mit ihrem Versagen, ihren Schwächen und ihrer Sünde. Insofern ist die Albe auch ein Symbol für etwas, das hier und jetzt noch nicht voll besteht (Kapitel 1): die endgültige Erlösung, die Befreiung von Schuld, Leid und Tod.

Langer Rede kurzer Sinn: Die Albe bezeichnet kein spezielles kirchliches Amt, sondern das Christsein als solches. Es wäre also passend, wenn in der Liturgie alle Getauften eine Albe tragen würden, unabhängig davon, ob sie eine besondere Rolle ausüben oder nicht.

Dieses Ideal hat sich im Laufe der Geschichte – leider! – als schwer praktikabel erwiesen. Christen haben sich früh abgewöhnt, ihre Taufalbe ein Leben lang aufzubewahren und in der Liturgie zu tragen – getaufte Säuglinge wachsen aus dem Taufkleid ohnehin sehr schnell heraus. Die Albe ist dann als Basisgewand für alle liturgischen Rollenträger übriggeblieben, während alle übrigen ihre Kleidung selber auswählen. Für die Ministranten etablierten sich neue Formen von Gewändern, so dass die Albe des Presbyters und die Albe der Ministranten stilistisch kaum noch Gemeinsamkeiten hatten – Bischof, Presbyter und Diakon tragen ohnehin über der Albe noch weitere auf ihr Amt bezogene Gewandstücke, so dass die Albe kaum sichtbar ist.

Nach dem Konzil sollte die Albe – wie die oben zitierte Bestimmung des Messbuchs zeigt – zum Gewand für alle liturgischen Rollenträger werden. Manche empfinden aber gerade das als eine Art Klerikalisierung, traditionell ist man solche Gewänder ja nur von den Ordinierten und den Ministranten gewohnt. Dabei könnte die Albe ein wichtiges Signal aussenden: In allen liturgischen Diensten geht es immer zunächst um den Dienst als solchen, nicht um die Person, die ihn ausübt. Wenn eine Lektorin vor die Versammlung tritt (Kapitel 4), geht es nicht darum, was sie persönlich über einen biblischen Text denkt, sondern darum, dass sie der Bibel ihre Stimme leiht und sich vom biblischen Wort in Anspruch nehmen lässt. Die Albe lässt die Person, die den Dienst ausübt, hinter der Rolle zurücktreten.

Leider scheitert dieser Gedanke oft an praktischen Hindernissen. Billige und schlecht gearbeitete Alben sind eine Zumutung sowohl für die Träger als auch für die, die das ansehen müssen. Genügend qualitätsvolle Alben in allen Größen bereitzuhalten ist eine finanzielle Investition, die manche Gemeinde gar nicht stemmen kann. Individuell gekaufte Alben, die optisch nicht zusammenpassen, erwecken eher den Eindruck einer Modenschau als eines Zurücktretens hinter der Rolle. Viele Alben sind für den Körperbau von Frauen ungeeignet. (Wenn dann alle Männer eine Albe tragen und alle Frauen Alltagskleidung, ist die Symbolik natürlich auch verheerend.) – Es gibt zum Glück auch gute Gegenbeispiele von Herstellern, die sehr ästhetische Alben anbieten, die auch gar nicht besonders teuer sein müssen. Manche verbinden die Albe mit auswechselbaren farblichen Applikationen (Kragen, Schal oder Ähnliches), durch die sich die liturgische Farbe des Tages integrieren lässt, so wie auch Bischof, Presbyter und Diakone über ihrer Albe eigene Gewandstücke in der jeweiligen liturgischen Farbe tragen.

Wie so oft gilt auch hier: Es gibt keine Pauschallösung, vieles hängt von der Ausstattung der Kirche und den beteiligten Personen ab. Zumindest lassen sich einige Rahmenbedingungen festhalten:

Wenn nur Vorsteher und Kinder liturgische Gewänder tragen, wird der Sinn des Gewandes verfehlt. Besser als eine schlecht sitzende Albe ist gut sitzende Alltagskleidung. Das Geschlecht darf kein Kriterium sein, ob jemand Albe trägt oder nicht. Die Albe ist kein Kriterium dafür, ob jemand seinen Platz in der Nähe des Vorstehers (im Altarraum der Kirche) haben soll oder nicht. Man kann auch *ohne* Albe im Altarraum platziert sein, man kann auch *mit* Albe auf dem gewohnten Platz in der Kirche bei der eigenen Familie sitzen. Die Albe ist auch kein Kriterium dafür, ob jemand beim Ein- und Auszug (siehe unten) mitwirkt oder nicht. Wenn mehrere Personen dieselbe liturgische Rolle ausüben (z. B. eine Kommunionhelferin und ein Kommunionhelfer), sollen entweder alle die Albe tragen oder keiner. Die Albe ist kein Kriterium für die Wichtigkeit der Aufgabe.

Beginn und Abschluss der Liturgie

Große Bedeutung für den Charakter der Versammlung hat der Beginn der Liturgie, etwas weniger wichtig ist der Abschluss. In der Regel beginnt eine Liturgie mit dem *Einzug*: Vorsteher und andere betreten in einer kleinen oder großen Prozession den Raum und nehmen ihre Plätze ein, der Einzug wird durch ein gemeinsames Lied, einen Psalm oder Instrumentalspiel begleitet. Aus einer An-Sammlung von Individuen wird die Ver-Sammlung der Kirche.

Dabei lässt sich eine gewisse Zweiteilung des Raumes nicht vermeiden. Der Vorsteher und einige andere Rollenträger befinden sich gut sichtbar an ihren Plätzen, meist in Altarnähe, oft einige Stufen höher als der Rest der Versammlung.

Damit wird auch schon die Gefahr deutlich, die im Einzug steckt: Die meisten Gemeindemitglieder sind schon an ihren Plätzen versammelt, erst danach kommen der Vorsteher und einige andere hinein und nehmen ihre Plätze ein. So entsteht ein Gegenüber von Bühne und Zuschauerraum, mehr noch: Es scheint, als seien nur der Vorsteher und seine Begleitung die eigentlichen Träger der Liturgie, während der Rest der Versammlung dieses Spiel nur beobachtet (Kapitel 2).

Um diesen fatalen Eindruck zu vermeiden, gibt es mehrere Gestaltungsmöglichkeiten für den Einzug:

Zunächst kann die von mir favorisierte Anordnung nach der Art des Chorgestühls (Kapitel 2) den Eindruck einer Bühne und eines Zuschauerraumes konsequent verhindern. Wie der Einzug exakt abläuft, ist dann gar nicht mehr so wichtig.

Unbedingt zu vermeiden ist das, was man leider in vielen Liturgien erlebt: Der Vorsteher – womöglich ohne jede Begleitung – betritt den Altarraum aus irgendeiner Seitentür und geht geradewegs zu seinem Platz. Auf dieselbe Art und Weise verschwindet er nach der Liturgie wieder. Mehr „Bühnenhaftigkeit" geht nicht, und es kann beim besten Willen nicht erfahren werden, dass der Vorsteher selbst Teil der Versammlung ist.

Sehr gut ist es, wenn der Einzug an der Eingangstür der Kirche beginnt. Vorsteher und andere Rollenträger betreten also den Raum auf dieselbe Weise, wie ihn alle anderen betreten haben. Wenn der Einzug an den Plätzen der Versammelten vorbeiführt, entsteht physische Nähe zwischen den Rollenträgern und der Versammlung.

Eine Sache, die man nur sehr selten erlebt, würde vielleicht mehr Beachtung verdienen: Vorsteher und liturgische Rollenträger (oder jedenfalls einige von ihnen) können schon vor Liturgiebeginn am Kircheneingang stehen, vertraute Gesichter und Gäste begrüßen, kurz miteinander ins Gespräch kommen. Gewiss brauchen liturgische Rollenträger auch Momente der Stille und Konzentration vor Beginn der Liturgie, aber sie dürfen trotzdem als Teil der Gemeinde erkennbar sein und müssen nicht komplett in verborgenen Nebenräumen verschwinden, von wo sie dann wie ein *deus ex machina* in der Versammlung auftauchen.

Das Messbuch ist relativ streng in seiner Ordnung, wer genau am Einzug teilnehmen soll und wo wer im Kirchenraum seinen Platz haben soll. Ich möchte diese Regeln – die zum großen Teil wenig bekannt sind – hier nicht vorstellen, sondern versuchen, den Blick für das Verhältnis von liturgischen Rollenträgern und der übrigen Versammlung in seiner räumlichen Darstellung zu schärfen. In den meisten katholischen Liturgien läuft es so: Alle, die beim Einzug mitgehen, haben feste Plätze in der Nähe des Altares, fast alle tragen Albe.

Es spricht aber nichts dagegen, diese Logik zu durchbrechen. Warum soll nicht beispielsweise eine Lektorin (in Albe oder in Alltagskleidung) beim Einzug mitgehen und dadurch sozusagen in ihrer Rolle

„vorgestellt“ werden, dann aber ihren Platz mitten in der Kirche bei ihrer Familie einnehmen und von dort aus für die Lesungen vor die Versammlung treten? In sehr kleinen Versammlungen braucht man überhaupt keinen Einzug. Es kann sinnvoller sein, wenn der Vorsteher persönlich die Mitfeiernden begrüßt, alle ihre Plätze einnehmen und statt des Einzugs mit einer Phase des gemeinsamen Schweigens beginnen. – Katholischen Gemeinden täte hier etwas mehr Kreativität und Sensibilität für die Wirkung des Einzugs bzw. des Beginns einer Liturgie gut. Dagegen ist es weniger wichtig, welche Reihenfolge der Personen beim Einzug die beste ist. Das Messbuch bietet hier sehr genaue Angaben, an denen man sich orientieren kann.

Persönlich halte ich es für wichtig – auch wenn das Messbuch das anders sieht –, wenn die unsichtbare Schwelle, die in den meisten Kirchen zwischen dem Altarraum (mit den liturgischen Rollenträgern) und dem Kirchenschiff (mit der übrigen Versammlung) besteht, gelegentlich durchbrochen wird, zum Beispiel wenn eine Lektorin von ihrem Platz inmitten der Versammlung zum Ambo geht. Auf der anderen Seite sollte man es vermeiden, dass sämtliche liturgische Rollenträger mitten in der Versammlung sitzen und die „Bühne“ nur dem Vorsteher überlassen – das wäre dann wieder ein sehr klerikalistisches Kirchenbild.

Etwas weniger wichtig als der Einzug ist der Auszug, mit dem die Liturgie endet. Wenn man beim Auszug alles so macht wie beim Einzug – nur umgekehrt –, ist das natürlich naheliegend und trägt zur sinnvollen und eindeutigen Rahmung der Liturgie bei. Etwas bedauerlich ist es aber, wenn auf diese Weise alle liturgischen Rollenträger einfach „verschwinden“ und sich dann womöglich gleich durch die Hinterausgänge der Kirche verabschieden. Ich bin da eher für die Einführung der *Agape* (siehe Kapitel 12), bei der die *liturgische* Gemeinschaft der Kirche nahtlos in eine *soziale* Gemeinschaft übergeht, die miteinander isst, trinkt, spricht und Zeit verbringt. Die Verabschiedung erfolgt individuell, einen gemeinsamen Auszug gibt es dann überhaupt nicht.

16 Das Zweite Vatikanische Konzil über die Liturgie

Basistext für die römisch-katholische Liturgie ist seit 1964 die *Konstitution des Zweiten Vatikanischen Konzils über die Liturgie*, die nach ihren lateinischen Anfangsworten *Sacrosanctum Concilium* heißt und auf die ich mich in diesem Buch an verschiedenen Stellen bezogen habe. Ich möchte hier einige Auszüge vorstellen, die sich meiner Meinung nach besonders für das Verständnis der Liturgie und für die Reflexion der liturgischen Praxis in katholischen Gemeinden eignen.

Ich folge der deutschen Übersetzung von Karl Rahner und Herbert Vorgrimler, die auch der Vatikan online veröffentlicht hat. Die alte Rechtschreibung ist beibehalten. Für eine genauere Lektüre empfehle ich daneben besonders die Textfassung und den Kommentar in *Herders Theologischem Kommentar zum Zweiten Vatikanischen Konzil* (Freiburg/Basel/Wien ab 2004).

Wo mir Formulierungen erklärungsbedürftig erschienen, habe ich in eckigen Klammern kleine Erläuterungen angefügt. Bibelzitate sind wie üblich direkt in runden Klammern angegeben. Anführungszeichen ohne weitere Erläuterungen bezeichnen Bibelparaphrasen oder Zitate aus der Theologiegeschichte, das ist dann hier nicht eigens angegeben und befindet sich in Ausgaben der Konzilstexte in eigenen Anmerkungen.

5. Gott, der „will, daß alle Menschen gerettet werden und zur Erkenntnis der Wahrheit gelangen" (1 *Tim* 2,4), „hat in früheren Zeiten vielfach und auf vielerlei Weise durch die Propheten zu den Vätern gesprochen" (*Hebr* 1,1). Als aber die Fülle der Zeiten kam, sandte er seinen Sohn, das Wort, das Fleisch angenommen hat und mit dem Heiligen Geist gesalbt worden ist, den Armen das Evangelium zu predigen und zu heilen, die zerschlagenen Herzens sind, „den Arzt für Leib und Seele", den Mittler zwischen Gott und den Menschen. Denn seine Menschheit war in der Einheit mit der Person des Wortes Werkzeug unseres Heils. So ist in Christus „hervorgetreten unsere vollendete Versöhnung in Gnaden, und in ihm ist uns geschenkt die Fülle des göttlichen Dienstes". [...] Denn aus der Seite des am Kreuz entschlafenen Christus ist das wunderbare Geheimnis der ganzen Kirche hervorgegangen.

6. Wie daher Christus vom Vater gesandt ist, so hat er selbst die vom Heiligen Geist erfüllten Apostel gesandt, nicht nur das Evangelium aller Kreatur zu verkünden, die Botschaft, daß der Sohn Gottes uns durch seinen Tod und seine Auferstehung der Macht des Satans entrissen und in das Reich des Vaters versetzt hat, sondern auch das von ihnen verkündete Heilswerk zu vollziehen durch Opfer und Sakrament, um die das ganze liturgische Leben kreist. So werden die Menschen durch die Taufe in das Pascha-Mysterium [Geburt, Leben, Verkündigung, Tod und Auferweckung] Christi eingefügt. Mit Christus gestorben, werden sie mit ihm begraben und mit ihm auferweckt. Sie empfangen den Geist der Kindschaft, „in dem wir Abba, Vater, rufen" (*Röm* 8,15) und werden so zu wahren Anbetern, wie der Vater sie sucht. Ebenso verkünden sie, sooft sie das Herrenmahl genießen, den Tod des Herrn, bis er wiederkommt. Deswegen wurden am Pfingstfest, an dem die Kirche in der Welt offenbar wurde, „diejenigen getauft, die das Wort" des Petrus „annahmen". Und „sie verharrten in der Lehre der Apostel, in der Gemeinschaft des Brotbrechens, im Gebet ... sie lobten Gott und fanden Gnade bei allem Volk" (*Apg* 2,41–47). Seither hat die Kirche niemals aufgehört, sich zur Feier des Pascha-Mysteriums zu versammeln, dabei zu lesen, „was in allen Schriften von ihm geschrieben steht" (*Lk* 24,27), die Eucharistie zu feiern, in der „Sieg und Triumph seines Todes dargestellt werden", und zugleich „Gott für die unsagbar große Gabe dankzusagen", in Christus Jesus „zum Lob seiner Herrlichkeit" (*Eph* 1,12). All das aber geschieht in der Kraft des Heiligen Geistes.

7. Um dieses große Werk voll zu verwirklichen, ist Christus seiner Kirche immerdar gegenwärtig, besonders in den liturgischen Handlungen. Gegenwärtig ist er im Opfer der Messe [Eucharistiefeier] sowohl in der Person dessen, der den priesterlichen Dienst vollzieht – denn „derselbe bringt das Opfer jetzt dar durch den Dienst der Priester, der sich einst am Kreuz selbst dargebracht hat" –, wie vor allem unter den eucharistischen Gestalten [Brot und Wein]. Gegenwärtig ist er mit seiner Kraft in den Sakramenten, so daß, wenn immer einer tauft, Christus selber tauft. Gegenwärtig ist er in seinem Wort, da er selbst spricht, wenn die heiligen Schriften in der Kirche gelesen werden. Gegenwärtig ist er schließlich, wenn die Kirche betet und singt, er, der versprochen hat: „Wo zwei oder drei versammelt sind in meinem Namen, da bin ich mitten unter ihnen" (*Mt* 18,20).

In der Tat gesellt sich Christus in diesem großen Werk, in dem Gott vollkommen verherrlicht und die Menschheit geheiligt werden, immer wieder die Kirche zu, seine geliebte Braut. Sie ruft ihren Herrn an, und durch ihn huldigt sie dem ewigen Vater. Mit Recht gilt also die Liturgie als Vollzug des Priesteramtes Jesu Christi; durch sinnenfällige Zeichen wird in ihr die Heiligung des Menschen bezeichnet und in je eigener Weise bewirkt und vom mystischen Leib Jesu Christi, d.h. dem Haupt und den Gliedern, der gesamte öffentliche Kult vollzogen. Infolgedessen ist jede liturgische Feier als Werk Christi, des Priesters, und seines Leibes, der die Kirche ist, in vorzüglichem Sinn heilige Handlung, deren Wirksamkeit kein anderes Tun der Kirche an Rang und Maß erreicht.

8. In der irdischen Liturgie nehmen wir vorauskostend an jener himmlischen Liturgie teil, die in der heiligen Stadt Jerusalem gefeiert wird, zu der wir pilgernd unterwegs sind, wo Christus sitzt zur Rechten Gottes, der Diener des Heiligtums und des wahren Zeltes. In der irdischen Liturgie singen wir dem Herrn mit der ganzen Schar des himmlischen Heeres den Lobgesang der Herrlichkeit. In ihr verehren wir das Gedächtnis der Heiligen und erhoffen Anteil und Gemeinschaft mit ihnen. In ihr erwarten wir den Erlöser, unseren Herrn Jesus Christus, bis er erscheint als unser Leben und wir mit ihm erscheinen in Herrlichkeit.

10. [Die Liturgie ist] der Höhepunkt, dem das Tun der Kirche zustrebt, und zugleich die Quelle, aus der all ihre Kraft strömt. Denn die apostolische Arbeit [Glaubensweitergabe, Nächstenliebe] ist darauf hingeordnet, daß alle, durch Glauben und Taufe Kinder Gottes geworden, sich versammeln, inmitten der Kirche Gott loben, am Opfer teilnehmen und das Herrenmahl [Eucharistie] genießen. Andererseits treibt die Liturgie die Gläubigen an, daß sie, mit den „österlichen Geheimnissen“ gesättigt, „in Liebe eines Herzens sind“; sie betet, daß sie „im Leben festhalten, was sie im Glauben empfangen haben“; wenn der Bund Gottes mit den Menschen in der Feier der Eucharistie neu bekräftigt wird, werden die Gläubigen von der drängenden Liebe Christi angezogen und entzündet. Aus der Liturgie, besonders aus der Eucharistie, fließt uns wie aus einer Quelle die Gnade zu; in höchstem Maß werden in Christus die Heiligung der Menschen und die Verherrlichung Gottes verwirklicht, auf die alles Tun der Kirche als auf sein Ziel hinstrebt.

14. Die Mutter Kirche wünscht sehr, alle Gläubigen möchten zu der vollen, bewußten und tätigen Teilnahme an den liturgischen Feiern geführt werden, wie sie das Wesen der Liturgie selbst verlangt und zu der das christliche Volk, „das auserwählte Geschlecht, das königliche Priestertum, der heilige Stamm, das Eigentumsvolk" (1 *Petr* 2,9) kraft der Taufe berechtigt und verpflichtet ist. Diese volle und tätige Teilnahme des ganzen Volkes ist bei der Erneuerung und Förderung der heiligen Liturgie aufs stärkste zu beachten, ist sie doch die erste und unentbehrliche Quelle, aus der die Christen wahrhaft christlichen Geist schöpfen sollen.

19. Die Seelsorger sollen eifrig und geduldig bemüht sein um die liturgische Bildung und die tätige Teilnahme der Gläubigen, die innere und die äußere, je nach deren Alter, Verhältnissen, Art des Lebens und Grad der religiösen Entwicklung. Damit erfüllen sie eine der vornehmsten Aufgaben des treuen Spenders der Geheimnisse Gottes. Sie sollen ihre Herde dabei nicht bloß mit dem Wort, sondern auch durch das Beispiel führen.

22. § 1. Das Recht, die heilige Liturgie zu ordnen, steht einzig der Autorität der Kirche zu. Diese Autorität liegt beim Apostolischen Stuhl und nach Maßgabe des Rechtes beim Bischof.

§ 2. Auch den rechtmäßig konstituierten, für bestimmte Gebiete zuständigen Bischofsvereinigungen verschiedener Art steht es auf Grund einer vom Recht gewährten Vollmacht zu, innerhalb festgelegter Grenzen die Liturgie zu ordnen.

§ 3. Deshalb darf durchaus niemand sonst, auch wenn er Priester wäre, nach eigenem Gutdünken in der Liturgie etwas hinzufügen, wegnehmen oder ändern.

24. Von größtem Gewicht für die Liturgiefeier ist die Heilige Schrift. Aus ihr werden nämlich Lesungen vorgetragen und in der Homilie ausgedeutet, aus ihr werden Psalmen gesungen, unter ihrem Anhauch und Antrieb sind liturgische Gebete, Orationen und Gesänge geschaffen worden, und aus ihr empfangen Handlungen und Zeichen ihren Sinn. Um daher Erneuerung, Fortschritt und Anpassung der heiligen Liturgie voranzutreiben, muß jenes innige und lebendige Ergriffensein von der Heiligen Schrift gefördert werden, von dem die ehrwürdige Überlieferung östlicher und westlicher Riten zeugt.

28. Bei den liturgischen Feiern soll jeder, sei er Liturge oder Gläubiger, in der Ausübung seiner Aufgabe nur das und all das tun, was ihm aus der Natur der Sache und gemäß den liturgischen Regeln zukommt.

29. Auch die Ministranten, Lektoren, Kommentatoren und die Mitglieder der Kirchenchöre vollziehen einen wahrhaft liturgischen Dienst. [...]

30. Um die tätige Teilnahme zu fördern, soll man den Akklamationen des Volkes, den Antworten, dem Psalmengesang, den Antiphonen, den Liedern sowie den Handlungen und Gesten und den Körperhaltungen Sorge zuwenden. Auch das heilige Schweigen soll zu seiner Zeit eingehalten werden.

34. Die Riten mögen den Glanz edler Einfachheit an sich tragen und knapp, durchschaubar und frei von unnötigen Wiederholungen sein. Sie seien der Fassungskraft der Gläubigen angepaßt und sollen im allgemeinen nicht vieler Erklärungen bedürfen.

35. Damit deutlich hervortrete, daß in der Liturgie Ritus und Wort aufs engste miteinander verbunden sind, ist zu beachten:

1) Bei den heiligen Feiern soll die Schriftlesung reicher, mannigfaltiger und passender ausgestaltet werden.

2) Da die Predigt ein Teil der liturgischen Handlung ist, sollen auch die Rubriken [Bestimmungen in den liturgischen Büchern] ihr [...] einen passenden Ort zuweisen. Der Dienst der Predigt soll getreulich und recht erfüllt werden. Schöpfen soll sie vor allem aus dem Quell der Heiligen Schrift und der Liturgie, ist sie doch die Botschaft von den Wundertaten Gottes in der Geschichte des Heils, das heißt im Mysterium Christi, das allezeit in uns zugegen und am Werk ist, vor allem bei der liturgischen Feier.

4) [Basistext der nach dem Konzil eingeführten Wort-Gottes-Feier:] Zu fördern sind eigene Wortgottesdienste an den Vorabenden der höheren Feste, an Wochentagen im Advent oder in der Quadragesima sowie an den Sonn- und Feiertagen, besonders da, wo kein Priester zur Verfügung steht; in diesem Fall soll ein Diakon oder ein anderer Beauftragter des Bischofs die Feier leiten.

42. Da der Bischof nicht immer und nicht überall in eigener Person den Vorsitz über das gesamte Volk seiner Kirche führen kann, so muß er diese notwendig in Einzelgemeinden aufgliedern. Unter ihnen ragen die Pfarreien hervor, die räumlich verfaßt sind unter einem Seelsorger, der

den Bischof vertritt; denn sie stellen auf eine gewisse Weise die über den ganzen Erdkreis hin verbreitete sichtbare Kirche dar. [...]

48. [Die Kirche] richtet ihre ganze Sorge darauf, daß die Christen [der Eucharistiefeier] des Glaubens nicht wie Außenstehende und stumme Zuschauer beiwohnen; sie sollen vielmehr durch die Riten und Gebete dieses Mysterium wohl verstehen lernen und so die heilige Handlung bewußt, fromm und tätig mitfeiern, sich durch das Wort Gottes formen lassen, am Tisch des Herrenleibes Stärkung finden. Sie sollen Gott danksagen und die unbefleckte Opfergabe darbringen nicht nur durch die Hände des Priesters, sondern auch gemeinsam mit ihm und dadurch sich selber darbringen lernen. [...]

51. Auf daß den Gläubigen der Tisch des Gotteswortes reicher bereitet werde, soll die Schatzkammer der Bibel weiter aufgetan werden, so daß innerhalb einer bestimmten Anzahl von Jahren die wichtigsten Teile der Heiligen Schrift dem Volk vorgetragen werden.

55. Mit Nachdruck wird jene vollkommenere Teilnahme an der Messe empfohlen, bei der die Gläubigen nach der Kommunion des Priesters aus derselben Opferfeier den Herrenleib entgegennehmen [also keine Kommunion aus dem Tabernakel].

84. Das Stundengebet [Tagzeitenliturgie] ist nach alter christlicher Überlieferung so aufgebaut, daß der gesamte Ablauf des Tages und der Nacht durch Gotteslob geweiht wird. [Es] ist das Gebet, das Christus vereint mit seinem Leibe an seinen Vater richtet.

85. Alle, die das vollbringen, erfüllen eine der Kirche obliegende Pflicht und haben zugleich Anteil an der höchsten Ehre der Braut Christi; denn indem sie Gott das Lob darbringen, stehen sie im Namen der Mutter Kirche vor dem Throne Gottes.

89. [...] Die Laudes als Morgengebet und die Vesper als Abendgebet, nach der ehrwürdigen Überlieferung der Gesamtkirche die beiden Angelpunkte des täglichen Stundengebetes, sollen als die vornehmsten Gebetsstunden angesehen und als solche gefeiert werden.

90. Bei alledem bleibt das Stundengebet als öffentliches Gebet der Kirche auch Quelle der Frömmigkeit und Nahrung für das persönliche Beten. Deshalb werden die Priester und alle anderen, die am Stundengebet

teilnehmen, eindringlich im Herrn gemahnt, daß dabei das Herz mit der Stimme zusammenklinge. Um das besser verwirklichen zu können, sollen sie sich eine reichere liturgische und biblische Bildung aneignen, zumal was die Psalmen betrifft. [...]

99. [Es] ist vorzuziehen, daß man das Stundengebet im Chor oder in Gemeinschaft singt [anstatt es alleine zu beten].

100. Die Seelsorger sollen darum bemüht sein, daß die Haupthoren, besonders die Vesper an Sonntagen und höheren Festen, in der Kirche gemeinsam gefeiert werden. Auch den Laien wird empfohlen, das Stundengebet zu verrichten, sei es mit den Priestern, sei es unter sich oder auch jeder einzelne allein.

112. Die überlieferte Musik der Gesamtkirche stellt einen Reichtum von unschätzbarem Wert dar, ausgezeichnet unter allen übrigen künstlerischen Ausdrucksformen vor allem deshalb, weil sie als der mit dem Wort verbundene gottesdienstliche Gesang einen notwendigen und integrierenden Bestandteil der feierlichen Liturgie ausmacht. [...] So wird denn die Kirchenmusik um so heiliger sein, je enger sie mit der liturgischen Handlung verbunden ist, sei es, daß sie das Gebet inniger zum Ausdruck bringt oder die Einmütigkeit fördert, sei es, daß sie die heiligen Riten mit größerer Feierlichkeit umgibt. Dabei billigt die Kirche alle Formen wahrer Kunst, welche die erforderlichen Eigenschaften besitzen, und läßt sie zur Liturgie zu. [...]

113. Ihre vornehmste Form nimmt die liturgische Handlung an, wenn der Gottesdienst feierlich mit Gesang gehalten wird [...] und das Volk tätig teilnimmt. [...]

114. Der Schatz der Kirchenmusik möge mit größter Sorge bewahrt und gepflegt werden. Die Sängerchöre sollen nachdrücklich gefördert werden, besonders an den Kathedralkirchen. Dabei mögen aber die Bischöfe und die übrigen Seelsorger eifrig dafür Sorge tragen, daß in jeder liturgischen Feier mit Gesang die gesamte Gemeinde der Gläubigen die ihr zukommende tätige Teilnahme auch zu leisten vermag [...].

116. Die Kirche betrachtet den Gregorianischen Choral als den der römischen Liturgie eigenen Gesang [...]. Andere Arten der Kirchenmusik,

besonders die Mehrstimmigkeit, werden für die Feier der Liturgie keineswegs ausgeschlossen [...].

120. Die Pfeifenorgel soll in der lateinischen Kirche als traditionelles Musikinstrument in hohen Ehren gehalten werden; denn ihr Klang vermag den Glanz der kirchlichen Zeremonien wunderbar zu steigern und die Herzen mächtig zu Gott und zum Himmel emporzuheben. Andere Instrumente aber dürfen [...] zur Liturgie zugelassen werden, sofern sie sich für den heiligen Gebrauch eignen oder für ihn geeignet gemacht werden können, der Würde des Gotteshauses angemessen sind und die Erbauung der Gläubigen wirklich fördern.

121. Die Kirchenmusiker mögen, von christlichem Geist erfüllt, sich bewußt sein, daß es ihre Berufung ist, die Kirchenmusik zu pflegen und deren Schatz zu mehren. Sie sollen Vertonungen schaffen, welche die Merkmale echter Kirchenmusik an sich tragen und nicht nur von größeren Sängerchören gesungen werden können, sondern auch kleineren Chören angepaßt sind und die tätige Teilnahme der ganzen Gemeinde der Gläubigen fördern. [...]

123. Die Kirche hat niemals einen [künstlerischen] Stil als ihren eigenen betrachtet, sondern hat je nach Eigenart und Lebensbedingungen der Völker und nach den Erfordernissen der verschiedenen Riten die Sonderart eines jeden Zeitalters zugelassen und so im Laufe der Jahrhunderte einen Schatz zusammengetragen, der mit aller Sorge zu hüten ist. Auch die Kunst unserer Zeit und aller Völker und Länder soll in der Kirche Freiheit der Ausübung haben [...].

124. [...] Beim Bau von Kirchen ist sorgfältig darauf zu achten, daß sie für die liturgischen Feiern und für die tätige Teilnahme der Gläubigen geeignet sind.

17 Anregungen für Eucharistiefeier, Wort-Gottes-Feier und Vesper

An verschiedenen Stellen dieses Buches konnte ich deutlich machen, dass es für viele Gestaltungsfragen der Liturgie keine pauschalen Ideallösungen gibt. Qualitätsvolle Publikationen mit konkreten Hinweisen für die Vorbereitung und Durchführung von Liturgien gibt es schon längst (siehe Literaturverzeichnis). Ich möchte daher in diesem Kapitel nur die Strukturelemente von Eucharistiefeier, Wort-Gottes-Feier und Vesper für gewöhnliche Sonntage einzeln auflisten und einzelne Fragen stellen, die man bei der Planung einer Liturgie im Blick haben sollte. Je nach Kontext – Zusammensetzung der Gemeinde, fachliche Qualifikation der Verantwortlichen, Größe der Gemeinde, Größe des Gottesdienstraumes, Anordnung der Versammlung im Gottesdienstraum usw. – dürfen die Antworten auf die Fragen unterschiedlich ausfallen. Ich hoffe, dass meine Impulse dazu beitragen, katholische Liturgien so zu konkretisieren, dass das erfahrbar werden kann, um das es eigentlich geht: Ausdruck, Stärkung und Aufbau einer Gemeinschaft durch, mit und unter Jesus Christus, und das Zusammenfallen der Geschichte – bezeugte Vergangenheit und erhoffte Zukunft – in einer ritualisierten und verdichteten Erfahrung der Gegenwart.

Eucharistiefeier

Einzug

- Wer zieht ein, in welcher Reihenfolge, in welcher Kleidung?
- Wie verwenden wir Vortragekreuz, Kerzen, Evangeliar und Weihrauch? Haben wir Personen, die mit diesen Symbolen ausdrucksstark umgehen können?
- Welcher Weg wird gegangen und warum?

- Welche Plätze werden eingenommen und wie drückt sich in dieser Anordnung die wechselseitige Bezogenheit aller Versammelten aus?
- Wie kann deutlich werden, dass der Einzug kein Bühnenauftritt vor einem Publikum ist, sondern Ausdruck der Ver-Sammlung aller durch, mit und unter Christus?

Lied zum Einzug

- Wie lautet der Eröffnungsvers des Tages und wie lässt sich sein Inhalt in die Auswahl eines Psalms oder Liedes übertragen?
- Wie kann die Gemeinde langfristig mit einem reichhaltigen Repertoire von Einzugsliedern vertraut gemacht werden?
- An Festtagen und in besonderen Zeiten des Kirchenjahres: Gibt es Festtagslieder, die inhaltlich besser zum Einzug passen als andere?

Liturgischer Gruß

- Gibt es einen Grund, eine bestimmte Formulierung zu bevorzugen?

Einführende Worte

- Welche Person kann diesen Teil übernehmen und von welchem Ort spricht sie zur Versammlung (wenn es nicht der Vorsteher von seinem Platz ist)?
- Wie gelingt es, dass diese Worte tiefer in die Eucharistiefeier hineinführen, ohne zur Konkurrenz zur Homilie oder zur moralischen Belehrung zu werden?

Schuldbekenntnis / Taufgedächtnis / Kyrie

- Welche der Formen ist für den Anlass angemessen (z. B. passend zum Tagesevangelium)?
- Bietet es sich an, feste Kriterien für die Auswahl zu etablieren (z. B. Schuldbekenntnis nur in der Österlichen Bußzeit, Taufgedächtnis nur in der Osterzeit oder Ähnliches)?
- Gibt es in der Gemeinde Vorbehalte gegen das Kyrie in seiner griechischen Originalsprache *(Kyrie eleison, Christe eleison, Kyrie eleison)*, und wenn ja, warum?
- Wenn Anrufungen zum Kyrie selbst formuliert werden: In welchem Verhältnis stehen sie zu anderen Texten des Tages, vor allem dem Evangelium? Können diese Anrufungen auch gesungen werden?

Gloria

- Kann das Gloria als Wechselgesang zwischen Kantor/Schola und Versammlung gestaltet werden oder muss es immer ein Strophenlied sein?
- Wie vertraut ist die Gemeinde mit dem biblisch und frühkirchlich geprägten und ökumenisch verbindenden Originaltext des Glorias (auf Lateinisch oder auf Deutsch, siehe z.B. *Gotteslob* 173)?

Tagesgebet

- In welche Richtung wendet sich der Vorsteher beim Tagesgebet und welche Wirkung erzielt er damit?

Erste Lesung, Antwortpsalm, Zweite Lesung

- Sollen die Lesungen von ein und derselben oder von zwei verschiedenen Personen gelesen werden und warum?
- Braucht man für den Kehrvers des Antwortpsalms Liederbücher oder kann man ihn durch einfaches Vorsingen direkt nachsingen?
- Gibt es einen triftigen Grund, die biblischen Texte zu kürzen, wegzulassen oder durch nichtbiblische zu ersetzen?

Evangelienprozession mit Halleluja-Ruf

- Wie kann die Prozession so gestaltet werden, dass die Versammlung erfährt, wie ihr Christus in seinem Wort buchstäblich entgegenkommt?
- Wird der Halleluja-Ruf als *Ruf an den kommenden Christus* erlebt, der die Prozession akustisch begleitet – oder ist es einfach nur eine Aneinanderreihung verschiedener Elemente?

Evangelium

- Wenn kein Diakon da ist: Wer trägt das Evangelium vor?
- Kann die Versammlung Ambo, Evangeliar und Diakon gut sehen und sich ihm zuwenden?
- Wie wird im Anschluss an das Evangelium mit dem Evangeliar umgegangen? Wiederholt die Gemeinde den Halleluja-Ruf noch einmal?

Homilie

- Wer soll in der Gemeinde regelmäßig die Homilie halten? Wer hat einen kirchlichen Predigtauftrag?

- Welche gestalterischen Möglichkeiten (Einsatz von Medien, Dialogpredigt, „Glaubenszeugnis“) bieten sich für den konkreten Anlass an?
- Steht die Homilie im Dienst der Bibel und der Liturgie oder umgekehrt?

Credo (Glaubensbekenntnis)

- Welchen Stellenwert hat das *Große Glaubensbekenntnis* der Konzilien von Nizäa und Konstantinopel (4. Jh.), das ökumenisch verbindend und verbindlich, aber im deutschsprachigen Katholizismus kaum bekannt ist, siehe z.B. *Gotteslob* 180 und 586,2?

Allgemeines Gebet (Fürbitten)

- Handelt es sich wirklich um Gebet für andere oder bloß um verklausulierte moralische Belehrungen oder die inhaltliche Fortsetzung der Homilie?
- Welche Rolle können gesungene Vortragsweisen spielen, damit die Versammlung ihre Würde im gemeinsamen Gebet spürt?

Gabenbereitung

- Wie kann die Gabenbereitung gestaltet werden, damit die Versammlung darin ihre eigene Selbsthingabe an Gott erlebt?
- Was geschieht mit der Geldkollekte? Wann wird sie eingesammelt (erst jetzt oder schon vor Beginn der Eucharistiefeier) und wohin wird sie gebracht?
- Gibt es eine Zweckwidmung der Geldkollekte? Soll sie bekanntgegeben werden, und wenn ja: Wann und von wem?
- Wie kann der Eindruck vermieden werden, jemand, der kein Geld gibt, müsse sich dafür schämen?
- Wie kann die passende Menge an Brot und Wein bestimmt werden?
- Soll zur Gabenbereitung gesungen/musiziert werden? Was und warum?
- Welche Körperhaltung ist für die Versammelten angemessen?

Eucharistisches Hochgebet

- Welches Hochgebet wird verwendet und warum?
- Welche Körperhaltung und Blickrichtung sollte die Versammlung einnehmen und wie können die räumlichen Voraussetzungen dafür geschaffen werden?
- Wie kann sich die Versammlung selbst als Trägerin dieses Gebetes erfahren, auch wenn es nur vom Vorsteher allein laut vorgetragen wird?

Kommunionvorbereitungsriten

- Wann begeben sich die Kommunionhelfer zum Altar?
- Sind kurze Erläuterungen zum Ablauf der Kommunion nötig? Wenn ja, wer trägt sie vor?
- Wie wird der Friedensgruß gestaltet? Wieviel Herzlichkeit und körperliche Nähe sind wohltuend und gemeinschaftsstiftend, ab wann wird es aufdringlich und übergriffig?

Kommunion

- Wer empfängt in welcher Reihenfolge die Kommunion?
- Welche Gestaltungsmöglichkeit findet sich, damit die Kommunion nicht zur Vereinzelung, sondern zur Gemeinschaftserfahrung führt?
- Wird der Kommunionvers des Tages in irgendeiner Form einbezogen?
- Kann während der Kommunion gemeinsam gesungen werden (z. B. Kehrvers und Psalm in Anlehnung an den Kommunionvers)?
- Wenn *nach* der Kommunion gesungen wird: In welchem Zusammenhang steht das Gesungene zur Kommunion?

Kommunionnachbereitung

- Wer leert und reinigt wo die Gefäße? Soll das an dieser Stelle geschehen oder erst nach dem Ende der Eucharistiefeier?

Schlussgebet

- Von welchem Platz und in welche Richtung trägt der Vorsteher das Schlussgebet vor?

Vermeldungen

- Sind die Vermeldungen Mitteilungen des Liturgievorstehers? des Pfarrbüros? des Pfarrgemeinderats? Wer soll sie vortragen und von welchem Platz?

Segen und Aussendung

- Gibt es einen Grund, eine bestimmte Segensformel zu bevorzugen?
- Mit welchem Gestus wird der Segen vorgetragen und welche Wirkung wird dadurch erzielt?
- Welche Körperhaltung sollen die Versammelten einnehmen?

Auszug

- Wie soll der Übergang von der Liturgie in den Alltag gestaltet werden (Lied, Auszug, Orgelnachspiel, Agape …)?
- Auf welchem Weg und wohin erfolgt der Auszug?
- Wie sind die räumlichen Rahmenbedingungen, damit sich die Versammlung nicht nur als liturgische, sondern auch als soziale Gemeinschaft erfahren kann? Verschwinden die liturgischen Rollenträger sofort nach der Liturgie oder beteiligen sie sich an der Gemeinschaft?

Wort-Gottes-Feier

Die Darstellung folgt dem *Werkbuch für die Wort-Gottes-Feier* der Liturgischen Institute Deutschlands und Österreichs

Wo Strukturelemente der Wort-Gottes-Feier mit denen der Eucharistiefeier übereinstimmen, sind die Anmerkungen von dort weitgehend unverändert übernommen.

Einzug

- Wer zieht ein, in welcher Reihenfolge, in welcher Kleidung?
- Wie verwenden wir Vortragekreuz, Kerzen, Evangeliar und Weihrauch, und haben wir Personen, die mit diesen Symbolen ausdrucksstark umgehen können?
- Welcher Weg wird gegangen und warum?
- Welche Plätze werden eingenommen? Welchen Platz nimmt der Liturgievorsteher im Vergleich zum Presbyter in der Eucharistiefeier ein? Wie drückt sich in dieser Anordnung die wechselseitige Bezogenheit aller Versammelten aus?
- Wie kann deutlich werden, dass der Einzug kein Bühnenauftritt vor einem Publikum ist, sondern Ausdruck der Ver-Sammlung aller durch, mit und unter Christus?

Lied zum Einzug

- Wie lautet der Eröffnungsvers des Tages (siehe Messbuch für die entsprechende Eucharistiefeier) und wie lässt sich sein Inhalt in die Auswahl eines Psalms oder Liedes übertragen?

- Wie kann die Gemeinde langfristig mit einem reichhaltigen Repertoire passender Einzugslieder vertraut gemacht werden?
- An Festtagen und in besonderen Zeiten des Kirchenjahres: Gibt es Festtagslieder, die inhaltlich besser zum Einzug passen als andere?

Liturgischer Gruß

- Gibt es einen Grund, eine bestimmte Formulierung zu bevorzugen?

Einführende Worte

- Welche Person kann diesen Teil übernehmen und von welchem Ort spricht sie zur Versammlung (wenn es nicht der Vorsteher von seinem Platz ist)?
- Wie gelingt es, dass diese Worte tiefer in die Wort-Gottes-Feier hineinführen, ohne zur Konkurrenz zur Homilie oder zur moralischen Belehrung zu werden?

Christusrufe

- Gibt es in der Gemeinde Vorbehalte gegen das Kyrie in seiner griechischen Originalsprache *(Kyrie eleison, Christe eleison, Kyrie eleison)*, und wenn ja, warum?
- Wenn Anrufungen an Christus selbst formuliert werden: In welchem Verhältnis stehen sie zu anderen Texten des Tages, vor allem dem Evangelium? Können diese Anrufungen auch gesungen werden?

Eröffnungsgebet

- In welche Richtung wendet sich der Vorsteher beim Eröffnungsgebet und welche Wirkung erzielt er damit?

Erste Lesung, Antwortpsalm, Zweite Lesung

- Sollen die Lesungen von ein und derselben oder von zwei verschiedenen Personen gelesen werden und warum?
- Braucht man für den Kehrvers des Antwortpsalms Liederbücher oder kann man ihn durch einfaches Vorsingen direkt nachsingen?
- Gibt es irgendeinen Grund, die biblischen Texte zu kürzen, wegzulassen oder durch nichtbiblische zu ersetzen?

Evangelienprozession mit Halleluja-Ruf

- Wie kann die Prozession so gestaltet werden, dass die Versammlung erfährt, wie ihr Christus in seinem Wort buchstäblich entgegenkommt?
- Wird der Halleluja-Ruf als *Ruf an den kommenden Christus* erlebt, der die Prozession akustisch begleitet – oder ist es einfach nur eine Aneinanderreihung verschiedener Elemente?

Evangelium

- Wer trägt das Evangelium vor? (Ist es sinnvoll, dass der Vorsteher es selber tut?)
- Kann die Versammlung Ambo, Evangeliar und Lektor gut sehen und sich ihm zuwenden?
- Wie wird im Anschluss an das Evangelium mit dem Evangeliar umgegangen? Wiederholt die Gemeinde den Halleluja-Ruf noch einmal?

Homilie (Ansprache)

- Wer soll in der Gemeinde regelmäßig die Homilie halten? Wer hat einen kirchlichen Predigtauftrag?
- Welche gestalterischen Möglichkeiten (Einsatz von Medien, Dialogpredigt, „Glaubenszeugnis") bieten sich für den Anlass an?
- Steht die Homilie im Dienst der Bibel und der Liturgie oder umgekehrt?

Antwort der Gemeinde

- Welche der möglichen Formen ist für den Anlass angemessen (z. B. passend zum Tagesevangelium)?
- Bietet es sich an, in der Gemeinde feste Kriterien für die Auswahl zu etablieren (z. B. Schuldbekenntnis nur in der Österlichen Bußzeit, Glaubensbekenntnis immer am 1. Sonntag des Monats oder Ähnliches)?

Friedenszeichen

- Wie wird der Friedensgruß gestaltet? Wieviel Herzlichkeit und körperliche Nähe ist wohltuend und gemeinschaftsstiftend, ab wann wird es aufdringlich und übergriffig?

Kollekte

- Gibt es eine Zweckwidmung der Geldkollekte? Soll sie bekanntgegeben werden, und wenn ja: Wann und von wem?
- Wie kann der Eindruck vermieden werden, jemand, der kein Geld gibt, müsse sich dafür schämen?
- Soll die Kollekte womöglich schon vor Beginn der Wort-Gottes-Feier gesammelt werden? Wohin wird sie dann im Rahmen der Wort-Gottes-Feier gebracht?

Sonntäglicher Lobpreis

- Welche Textvariante wird gewählt und warum?
- Welchen Platz und welche Blickrichtung soll der Vorsteher einnehmen, welche Körperhaltung und Blickrichtung die übrige Versammlung, und wie können die passenden räumlichen Voraussetzungen dafür geschaffen werden?
- Wie kann sich die Versammlung selbst als Trägerin dieses Gebetes erfahren, auch wenn es nur vom Vorsteher allein laut vorgetragen wird?

Hymnus (Gloria)

- Kann der Hymnus als Wechselgesang zwischen Kantor/Schola und Versammlung gestaltet werden oder muss es immer ein Strophenlied sein?
- Wie vertraut ist die Gemeinde mit dem biblisch und frühkirchlich geprägten und ökumenisch verbindenden Originaltext des Glorias (auf Lateinisch oder auf Deutsch, siehe z. B. *Gotteslob* 173)?

Allgemeines Gebet (Fürbitten)

- Handelt es sich wirklich um Gebet für andere oder bloß um verklausulierte moralische Belehrungen oder die inhaltliche Fortsetzung der Homilie?
- Welche Rolle können gesungene Vortragsweisen spielen, damit die Versammlung ihre Würde im gemeinsamen Gebet spürt?

Danklied

- Welchen inhaltlichen Bezug hat das ausgewählte Danklied zu den biblischen Lesungen, zum Kirchenjahr, zum Sonntäglichen Lobpreis usw.?
- Kommt auch ein Psalm (mit Kehrvers und Kantor/Schola) infrage?

Vermeldungen

- Sind die Vermeldungen Mitteilungen des Liturgievorstehers? des Pfarrbüros? des Pfarrgemeinderats? Wer soll sie vortragen und von welchem Platz?

Segen und Aussendung

- Gibt es einen Grund, eine bestimmte Segensformel auszuwählen?
- Mit welchem Gestus wird der Segen vorgetragen und welche Wirkung wird dadurch erzielt?
- Welche Körperhaltung sollen die Versammelten dabei einnehmen?

Auszug

- Wie soll der Übergang von der Liturgie in den Alltag gestaltet werden (Lied, Auszug, Orgelnachspiel, Agape …)?
- Auf welchem Weg und wohin erfolgt der Auszug?
- Wie sind die räumlichen Rahmenbedingungen, damit sich die Versammlung nicht nur als liturgische, sondern im Anschluss auch als soziale Gemeinschaft erfahren kann? Verschwinden die liturgischen Rollenträger sofort nach der Liturgie oder beteiligen sie sich an der Gemeinschaft?

Vesper

Ich folge in dieser Darstellung dem Ablauf des *Stundenbuchs*, also der offiziellen Variante der römisch-katholischen Tagzeitenliturgie. Ein gemeindliches Abendlob kann aber auch auf abgewandelte Weise gefeiert werden. Dafür bietet beispielsweise das *Gotteslob* ab Nr. 659 ein sehr gelungenes Modell.

Einzug

- Wer zieht ein, in welcher Reihenfolge, in welcher Kleidung?
- In kleineren Gruppen: Soll es überhaupt einen Einzug geben? Oder wäre es einen Versuch wert, dass alle Mitfeiernden gemeinsam einziehen, zum Beispiel vom Eingang der Kirche bis zu ihren Plätzen?
- Soll die Vesper mit vielen Rollenträgern umfangreiche Symbolik entfalten (Kerzen, Weihrauch, Osterkerze, Bibel), die sich auch im

Einzug widerspiegelt, oder soll sie eher in schlichterer Form, mit weniger Rollenträgern und mehr auf die Textinhalte fokussiert gefeiert werden?

- Welche Plätze werden eingenommen? Wie ordnet sich die Versammlung zum gemeinsamen Gesang an? Soll der Altar den Mittelpunkt bzw. die optische Zielrichtung bilden oder bietet sich ein anderer Ort an?
- Kann der Einzug durch Instrumentalspiel begleitet werden, soll die Versammlung gemeinsam etwas singen oder ist ein Einzug in Stille sinnvoll?
- Beginnt die Vesper ungefähr zur Zeit des Sonnenuntergangs und kann diese Erfahrung auch in der Gestaltung des Einzugs (Kerzen, Raumbeleuchtung, Liedauswahl) berücksichtigt werden?

Eröffnungsruf

- Ab hier gilt für alle Textelemente: Findet sich für die Versammlung ein gemeinsamer Sprech-, Sing- und Atemrhythmus? Können Vorsteher und Kantor den Gesang gut anleiten, stimmt die Versammlung gerne und sicher mit ein? Wie kann man reagieren, wenn die Versammlung sehr unsicher im Gesang ist oder überhaupt nur wenige bereit sind mitzusingen? Wird es dem Charakter der Vesper überhaupt gerecht, wenn gesprochen statt gesungen wird?

Hymnus

- Findet sich für den vorgesehenen Hymnus des Stundenbuchs eine geeignete Vertonung, wie wird sie der Versammlung zur Verfügung gestellt, und kommt dieser Hymnus auch für eine weniger erfahrene Versammlung infrage?
- Wenn man den Hymnus durch ein anderes Lied ersetzt: Welches Gewicht soll auf der geistlichen Deutung von Abendstunde und Sonnenuntergang liegen (Abendlied), oder soll das Lied eher auf den Sonntag/Festtag bezogen sein (Festtagslied)?

Psalmodie (Psalm – Psalm – Canticum)

- Findet sich für die im Stundenbuch vorgesehenen Psalmen eine geeignete Vertonung, wie wird sie der Versammlung zur Verfügung gestellt, und ist diese Auswahl von Psalmen geeignet für eine Versammlung, die nicht regelmäßig die Vesper feiert?

- Wenn man stattdessen andere Psalmen/Cantica auswählt: Welches Gewicht soll auf der geistlichen Deutung von Abendstunde und Sonnenuntergang liegen (Abendpsalmen) oder sollen die Psalmen eher auf den Sonntag/Festtag bezogen sein (Festtagspsalmen) oder sollen über einen längeren Zeitraum alle Psalmen einmal an die Reihe kommen (Prinzip der Bahnlesung)?
- Müssen es unbedingt drei Psalmen/Cantica sein oder bietet sich eine kompaktere Auswahl von nur einem oder zwei Psalmen an?
- Kann die Versammlung in zwei singende Gruppen aufgeteilt werden *(antiphonales Singen)* oder ist es besser, die Psalmen durch Kantor/Schola nach Art des Antwortpsalms der Eucharistiefeier vorzutragen *(responsoriales Singen)*? Wo finden sich geeignete Vertonungen und kann eine Gemeinde langfristig ein gewisses Repertoire aufbauen, mit dem sie vertraut ist?
- Wenn Gesang nicht möglich ist: Wie können die Psalmen vorgelesen oder gemeinsam gelesen werden, ohne dass es zu intellektualistisch, belehrend und langweilig wird?

Lesung
- Soll die Lesung aus dem Stundenbuch gelesen werden oder eine andere? Wie wird sie dann ausgewählt?
- Von welchem Ort wird die Lesung gelesen?
- Soll die Lesung stärker ritualisiert werden (ähnlich dem Evangelium in der Eucharistiefeier)?

Responsorium
- Gibt es eine Vertonung des Responsoriums aus dem Stundenbuch? Oder soll ein anderes Responsorium, ein Kanon, ein Lied gesungen werden?

Homilie
- Soll es eine Homilie geben? Wer wird dazu beauftragt?
- Soll die Homilie eine ausführliche Predigt oder ein kurzer Impuls im Anschluss an Hymnus, Psalmodie oder Lesung sein?

Lobgesang Mariens (Magnificat)
- Wie kann das Magnificat als lobpreisend-huldigender Höhepunkt der Vesper inszeniert werden (Weihrauch, Körperhaltung, Instrumentalbegleitung, Vertonung usw.)?

Fürbitten

- Handelt es sich wirklich um Gebet für andere oder bloß um verklausulierte moralische Belehrungen oder die inhaltliche Fortsetzung der Homilie?
- Welche Rolle können gesungene Vortragsweisen spielen, damit die Versammlung ihre Würde im gemeinsamen Gebet spürt?
- Werden Fürbitten aus dem Stundenbuch, dem Gotteslob oder selbst verfasste Fürbitten genommen? Wer verfasst sie bzw. wählt sie aus?

Gebet des Herrn (Vaterunser)

- Welche Vertonung?

Oration

- Oration aus dem Stundenbuch, dem Gotteslob oder anders ausgewählt/verfasst? In welche Richtung wendet sich der Vorsteher und welche Wirkung erzielt er damit?

Segen und Aussendung

- Gibt es einen Grund, eine bestimmte Segensformel auszuwählen?
- Mit welchem Gestus wird der Segen vorgetragen und welche Wirkung wird dadurch erzielt?

Auszug

- Wie soll der Übergang von der Liturgie in den Alltag gestaltet werden (Lied, Auszug, Orgelnachspiel, Agape …)?
- Wie sinnvoll ist an dieser Stelle der alte Brauch eines Marienliedes? Wenn man ein Marienlied singt, soll man sich dazu gemeinsam an einen anderen Ort geben (Marienstatue, Marienikone)?
- Auf welchem Weg und wohin erfolgt der Auszug?
- Wie sind die räumlichen Rahmenbedingungen, damit sich die Versammlung nicht nur als liturgische, sondern im Anschluss auch als soziale Gemeinschaft erfahren kann? Verschwinden die liturgischen Rollenträger sofort nach der Liturgie oder beteiligen sie sich an der Gemeinschaft?

Schlusswort

Mein besonderer Dank gilt allen, die auf dieses Schlusswort stoßen, nachdem sie das komplette Buch gelesen oder zumindest überflogen haben.

Wo ich liturgische Handlungen sehr detailliert besprochen habe, konnte das immer nur beispielhaft geschehen und war meist durch eigene – negative wie positive – Erfahrungen motiviert. Zugleich sollte deutlich werden, dass Rituale für ihre gelungene Wirkung auf Detailgenauigkeit angewiesen sind.

Wo ich dezidierte Meinungen vertreten habe, mag das vielleicht nicht immer Zustimmung, sondern auch Kopfschütteln, Unverständnis oder Protest ausgelöst haben. Dann hoffe ich, dass es trotzdem ein Beitrag zur Schärfung der Argumente sein konnte. Ich bin offen dafür, mich nach Erscheinen dieses Buches von anderen Ansichten überzeugen zu lassen.

Literaturhinweise

Konzilstexte

In diesem Buch wurden mehrere Konzilstexte zitiert. Es handelt sich dabei um:

- Sacrosanctum Concilium: Konstitution über die heilige Liturgie (verabschiedet am 22. November 1963).
- Lumen Gentium: Dogmatische Konstitution über die Kirche (verabschiedet am 21. November 1964).
- Dei Verbum: Dogmatische Konstitution über die göttliche Offenbarung (verabschiedet am 18. November 1965).

Kirchliche Bestimmungen für die Eucharistiefeier, Wort-Gottes-Feier und Tagzeitenliturgie

- **Allgemeine Einführung in das Messbuch.** *In jedem Messbuch enthalten, online als PDF abrufbar in:* Die Messfeier. Dokumentensammlung. Auswahl für die Praxis. Hrsg. vom Sekretariat der Deutschen Bischofskonferenz [12]2015: https://dli.institute/wp/wp-content/uploads/2017/11/ah77_12.pdf
- In noch nicht absehbarer Zukunft soll in Kraft treten die neue **Grundordnung des Römischen Messbuchs.** Vorabpublikation zum Deutschen Messbuch (3. Auflage). Hrsg. vom Sekretariat der Deutschen Bischofskonferenz 2007: https://www.dbk.de/fileadmin/redaktion/veroeffentlichungen/arbeitshilfen/AH_215.pdf
- **Wort-Gottes-Feier. Werkbuch für die Sonn- und Festtage.** Hrsg. von den Liturgischen Instituten Deutschlands und Österreichs 2004.
- **Die Wort-Gottes-Feier am Sonntag.** Neue korrigierte Auflage. Herausgegeben vom Liturgischen Institut im Auftrag der deutschsprachigen Bischöfe der Schweiz 2021.
- **Versammelt in Seinem Namen. Tagzeitenliturgie – Wort-Gottes-Feier – Andachten an Wochentagen. Werkbuch.** Hrsg. von den Liturgischen Instituten Deutschlands, Österreichs und der Schweiz 2008.
- **Tagzeitenliturgie der Zukunft. Allgemeine Einführung in das Stundengebet.** Hrsg. vom Deutschen Liturgischen Institut 1999. http://www.liturgie.de/liturgie/pub/litbch/aes.pdf

Grundlegende und konkretisierende Überlegungen zur Liturgiegestaltung

- Messe gestalten. Grundlagen und Anregungen. Mit Vorschlägen aus dem Gotteslob. Hrsg. vom Liturgiereferat der Erzdiözese Wien. Innsbruck/Wien 2015.
- Christian Renken: Richtig Messe feiern. Ein Leitfaden für die Eucharistiefeier am Sonntag. Regensburg 2009.
- Michael Kunzler: Liturge sein. Entwurf einer Ars celebrandi. Paderborn 2007.

Philosophische Überlegungen zu den „Drehbüchern" der Liturgie und zu den Adressaten liturgischer Texte

- Nicholas Wolterstorff: Acting Liturgically. Philosophical Reflections on Religous Practice. Oxford 2018. *(in englischer Sprache)*

Einführung in einzelne liturgische Rollen

- Gerd Lohaus/Nicole Stockhoff: Wir in Gottes Dienst. Grundwissen für Lektoren, Kantoren und Kommunionhelfer. Freiburg/Brsg. u. a. 2014.
- Stefan Böntert/Nicole Stockhoff: Dem Wort Gottes eine Stimme geben. Leitfaden für den Lektorendienst. Freiburg/Brsg. 2020.
- Nikolaus Nonn: Singt Psalmen, Hymnen und Lieder. Kleines Handbuch für den Kantorendienst. Mit CD. Mainz 2004.
- Nicole Stockhoff/Heio Weishaupt: Dienst am Tisch des Herrn. Leitfaden für Kommunionhelferinnen und Kommunionhelfer. Freiburg/Brsg. 2020.

Zur Homilie

- Klaus Müller: Homiletik. Ein Handbuch für kritische Zeiten. Regensburg 1994.
- Apostolisches Schreiben Evangelii gaudium des Heiligen Vaters Papst Franziskus. Hrsg. vom Sekretariat der Deutschen Bischofskonferenz 2013. https://www.dbk-shop.de/de/publikationen/verlautbarungen-apostolischen-stuhls/apostolisches-schreiben-evangelii-gaudium-papst-franziskus.html (darin das Kapitel „Die Homilie", Artikel 135–159)

Zum Allgemeinen Gebet (Fürbitten)

- Liborius Olaf Lumma: Für-Bitten. Verstehen – verfassen – vortragen. Innsbruck/Wien 2018.

Zum ordinierten Amt in der katholischen Kirche und zum Frauendiakonat

- Eva-Maria Faber: Einführung in die katholische Sakramentenlehre. Darmstadt ^{3}2012.
- Thomas Schumacher: Bischof – Presbyter – Diakon. Geschichte und Theologie des Amtes im Überblick. München 2010.
- Dietmar W. Winkler (Hrsg.): Diakonat der Frau. Befunde aus biblischer, patristischer, ostkirchlicher, liturgischer und systematisch-theologischer Perspektive. Wien u. a. 2010.

Zur aktuellen Diskussion um Machtstrukturen in der katholischen Liturgie

- Gregor Maria Hoff u. a. (Hrsg.): Amt – Macht – Liturgie. Theologische Zwischenrufe für eine Kirche auf dem Synodalen Weg (= Quaestiones disputatae 308). Freiburg/Brsg. 2020.

Zur Einführung in die Tagzeitenliturgie

- Liborius Olaf Lumma: Liturgie im Rhythmus des Tages. Eine kurze Einführung in Geschichte und Praxis des Stundengebets. Regensburg ^{2}2017.

Zur Erfahrungsqualität einzelner liturgischer Symbole

- Romano Guardini: Von heiligen Zeichen. Ostfildern ^{7}2008.

Zum Blumenschmuck in Kirchenräumen

- Nikolaus Nonn u. a. (Hrsg.): Das Auge betet mit. Werkbuch für die Blumengestaltung von Sakralräumen im Kirchenjahr. Paderborn ^{2}2020.

Zum Überblick über katholische Liturgie im Allgemeinen

- Liborius Olaf Lumma: Crashkurs Liturgie. Eine kurze Einführung in den katholischen Gottesdienst. Regensburg ^{4}2019.
- Albert Gerhards/Benedikt Kranemann: Einführung in die Liturgiewissenschaft. Darmstadt ^{3}2014.
- Adolf Adam/Winfried Haunerland: Grundriss Liturgie. Freiburg/Brsg. ^{11}2018.